이해력이 쑥쑥

교과서

역사 용어 100

사회탐구 점프 1

초등 교과서 연계 도서
사회 과목과 연계된 역사 이야기 100편 수록

이해력이 쑥쑥 교과서 역사 용어 100

글 **김도연** | 그림 **이용규**
감수 **신병주**

아주 좋은 날

역사를 공부하는 학생들에게
교과서는 외계어 천지

어릴 때 만화가가 되고 싶었던 나는 우연히 역사교육과에 입학했어. 대학에서 역사 공부를 시작했을 때 나는 조금 혼란스러웠지. 역사는 오래전 이야기이라 안 그래도 어려운데, 쓰는 단어들이 '외계어'처럼 보였어. '무구 정광 대다라니경', '대동법', '병자호란', '신진 사대부' 같은 말은 듣기만 해도 멀미가 났어. 역사 용어는 한자나 다른 나라에서 온 표현이 참 많았지. 역사를 잘 모르던 내가 역사 공부에서 제일 먼저 한 일은 역사에 나오는 어려운 단어가 무슨 뜻인지 하나하나 살펴보는 일이었어.

그런 역사 용어를 배우다 보니 그 안에 역사 이야기가 숨어 있었어. 역사의 흐름과 용어를 하나씩 퍼즐조각처럼 맞춰 가며 공부했지. 그러자 역사는 단순 암기 과목이 아니라 옛날 사람들이 어떻게 살았는지 생각해 보는 즐거운 상상이라는 걸 깨달았어. 그 후 대학교 공부도 재미있어졌어. 용어의 뜻만 이해해도 역사를 거의 다 아는 거나 다름없었던 거야.

역사를 잘 모르던 내가 지금은 학생들을 가르치는 역사 교사가 된지 어느덧 10년째야. 나의 경험을 살려 누구나 쉽게 이해할 수 있도록 교과서 속 용어를 풀이해 주는 책을 만들었어. 수업 중에 학생들이 가장 많이 질문하는 것도 바로 교과서 속 어려운 용어였거든.

이 책을 읽는 여러분들이 역사 용어 속 이야기를 통하여 역사 학습의 재미를 깨달았으면 좋겠어. 또, 무엇보다도 이 기회에 역사 배우기에 자신감을 갖게 되었으면 좋겠어.

차례

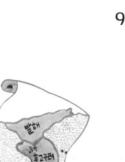

1.

가야 연맹

초등 5학년 2학기 교과서 41쪽 수록

무슨 뜻일까?

562년까지 낙동강 아랫 지역과 경상남도에 있었던 12개 마을을 말해. 12개 마을이 만든 나라를 '가야' 또는 '가야 연맹'이라고 한단다. 신라 진흥왕의 공격으로 사라지고 말았지.

용어 연결고리

사국 시대가 아니고 왜 삼국 시대일까?

고구려, 백제, 신라, 가야는 500년 가까이 아웅다웅 싸우며 자랐어. 그런데 왜 사국 시대가 아니라 삼국 시대라고 부를까? 그 이유는 고구려, 백제, 신라는 왕의 힘이 강한 중앙 집권 국가였던 반면, 가야는 그 전인 연맹 왕국 상태에서 멸망해서야. 중앙 집권 국가인 3개 국가만을 넣어서 삼국 시대라고 부르는 거야.

광개토 대왕에게 혼쭐이 난 가야!

가야는 농사가 잘 되고 바다로 나가기 좋은 낙동강 아랫부분 금관가야(오늘날 김해)를 중심으로 성장했어. 12개 마을 중 중심이었지. 그런데 신라가 도와달라는 말에 출동한 고구려 군대는 가야를 쑥대밭으로 만들었어. 광개토 대왕의 군대에 혼쭐이 난 가야는 연맹의 중심 마을이 바뀌었지. 대구 근처에 대가야(오늘날 고령)가 중심이 되었어.

가야금은 가야의 악기!

가야의 우륵이 12개 줄로 만든 악기가 바로 가야금이야. 가야를 정복한 신라의 진흥왕은 우륵의 제자들에게 가야금 연주를 즐겨 들었다고 해.

2. 간석기

초등 5학년 2학기 교과서 15쪽 수록

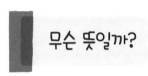

무슨 뜻일까?

돌을 갈아서 만든 도구(목적을 이루기 위해 사용하는 물건)를 '간석기'라고 해. 신석기 시대와 청동기 시대에 사람들이 사용했어.

용어 연결고리

사람들은 맡은 일에 따라 다양한 간석기를 썼어!

예전에 썼던 뗀석기는 하나만 있으면 여기저기에 다 썼어. 주먹 도끼로 사냥도 하고 잡은 고기를 자르기도 하고 이것저것 다 돌려썼지. 주먹 도끼는 맥가이버 칼이나 다름없었어. 그런데 농사를 처음 짓기 시작하고 시간이 지나면서 사람들에게 각자 맡은 일이 생겼지. 그러자 각자 쓰는 도구가 다 달라졌단다. 그래서 맡은 일에 따라 돌을 갈아서 필요한 도구를 만들었는데 이것이 간석기야.

끝을 갈아서 날카롭게 만든 간석기!

예전에 썼던 뗀석기와 달리 간석기는 끝을 갈아서 날카롭게 만들었어. 먼저 돌을 깨드린 다음 숫돌로 끝부분을 갈아서 만들었지. 간석기를 사용했던 신석기 시대에는 농사를 처음 짓기 시작했지만 아직 서툴러서 사냥을 여전히 많이 했어. 농사로 얻는 음식보다 사냥으로 얻는 음식이 많을 정도였지.

3.

갑신정변

초등 6학년 1학기 교과서 64쪽 수록

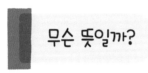

무슨 뜻일까?

1884년, 갑신년에 급진 개화파가 일으킨 정치에 큰 변화가 일어난 사건을 말해.

용어 연결고리

급진 개화파는 조선 최초의 우정국(우체국)을 여는 축하식에서 갑신정변을 일으켰어. 그날 급진 개화파는 일본 군대에 도움으로 맞수였던 온건 개화파를 없애려고 했지. 방해하는 무리들을 없애고 원하는 대로 나라를 크게 바꾸려 했던 거야. 또 고종과 명성황후를 보호해 준다며 좁은 경우궁으로 데려갔고, 거기서 나라를 바꾸기 위해 개혁을 이루려고 했지.

급진 개화파가 만들고 싶었던 나라는?

김옥균의 일기를 보면 급진 개화파가 꿈꾸던 나라를 알 수 있어. 양반, 상민, 노비 같은 신분이 없는 나라, 신하들이 만든 법으로 다스리는 나라, 자유롭게 상업(물건을 사고파는 일)활동 하는 나라, 바르고 확실하게 세금을 걷는 나라였지. 급진 개화파의 개혁은 시작한지 3일 만에 조선에 온 청나라 군대에 의해 멈춰졌어. 이후 급진 개화파들은 죽거나 다른 나라로 도망갔어. 급진 개화파는 일본을 본떠 조선을 강하게 만들려고 했지만 결국 뜻을 이루지는 못했지.

4.
갑오개혁

초등 6학년 1학기 교과서 67쪽 수록

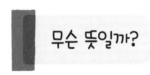

무슨 뜻일까?

조선 조정은 1894년, 갑오년에 근대 국가로 나아가기 위해 정치, 경제, 사회 부분에서 낡은 제도를 바꾸려고 했는데, 이것을 '갑오개혁'이라고 한단다.

용어 연결고리

동학 농민 운동이 일어났어!

동학 농민 운동이 일어나자 농민들은 그간의 불만을 들어달라고 나라에 이야기했지. 나라에서도 농민들의 이야기를 듣고 개혁을 하려고 했어. 그런데 일본이 조선의 일에 간섭하며 군대를 보내 경복궁을 차지했지. 일본군의 간섭 속에 이루어진 것이 갑오개혁이었어.

갑오개혁으로 참 많이 변했어!

일본이 이것저것 지시한 개혁이기도 했지만, 농민들의 의견을 많이 들어줬어. 신분제를 없앴고, 남편을 잃은 여자도 다시 결혼할 수 있게 했지. 나이 어린 사람의 결혼도 막았어. 세도 정치(왕실의 친척이나 신하가 강력한 권력으로 나랏일을 마음대로 하는 정치) 때문에 문제가 많았던 과거 시험도 없앴지. 일본이 간섭하긴 했어도 개혁을 맡은 사람은 조선인인 개화파였어.

5.

강동 6주

초등 5학년 2학기 교과서 98쪽 수록

무슨 뜻일까?

강동 6주는 고려가 거란과의 첫 번째 전쟁 후 차지한 땅이야. 압록강 동쪽에 있는 흥화, 용주, 통주, 철주, 귀주, 곽주의 6개 지역을 말해.

용어 연결고리

서희가 말로 얻은 강동 6주!

거란의 장군인 소손녕은 군대를 이끌고 왔어. 소손녕은 고려는 송나라와 관계를 끊어야 한다고 했지. 그러자 고려 대표였던 서희는 북쪽에 여진족 핑계를 대며 압록강변의 땅을 주면 여진족을 쫓아내고 거란과 친하게 지내겠다고 했지. 그래서 소손녕은 고려에 땅을 주고 물러갔어.

세 번이나 쳐들어온 거란!

소손녕은 고려가 여전히 송나라와 친하게 지내자 속았다고 생각했어. 그래서 거란은 약속을 지키라며 두 번째 전쟁을 일으켰지. 두 번째 전쟁에서는 양규가 열심히 싸웠지만, 거란의 군대가 수도인 개경까지 휩쓸고 갔을 정도로 고려가 지고 말았어. 거란은 강동 6주를 돌려달라고 하며 고려를 세 번째로 침입했지. 하지만 고려 강감찬에게 크게 패했단다.

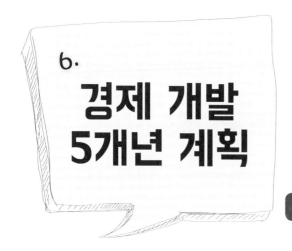

6. 경제 개발 5개년 계획

초등 6학년 1학기 교과서 139쪽 수록

무슨 뜻일까?

나라에서 경제를 성장시키기 위해 5년마다 그 과정과 내용을 계획한 것을 의미해. 1962년부터 1981년까지 4차례에 걸쳐서 진행되었어.

용어 연결고리

경제 개발 5개년 계획은 매번 조금씩 달라졌어!
1962~1971년에 이루어진 계획은 부피에 비하여 무게가 가벼운 물건을 만드는 경공업인 섬유, 잡화, 식품 등의 산업이 중심이었어. 그리고 서울 부산 간에 고속도로, 서울의 공장이 모인 구로공단도 이때 지어졌단다. 1970년에는 포항제철소를 지었는데, 중공업을 키우기 위해서였지. 1972~1981년에는 부피에 비하여 무게가 무거운 물건을 만드는 중공업인 철강, 배, 자동차, 기계 산업과 석유화학 산업이 성장하였어.

379배나 늘어난 국민소득, 한강의 기적!

1인당 국민들이 한 해 동안 얻는 수입을 의미하는 '국민소득'이 1960년과 현재를 비교하면 447배나 늘었다고 해. 경제 개발 5개년 계획을 하기 전인 1960년은 79달러였어. 1981년에는 1,749달러로 크게 올랐지. 2018년에는 30,000달러를 넘을 거라고 예상하고 있어. 6·25전쟁 이후 가난했던 대한민국이 다른 나라들을 도와줄 정도로 성장했어. 이러한 대한민국의 경제 성장을 '한강의 기적'이라고 부른단다.

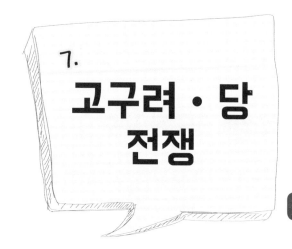

7. 고구려·당 전쟁

초등 5학년 2학기 교과서 54쪽 수록

무슨 뜻일까?

644년과 661년에 걸쳐 고구려와 당 사이에 벌어진 전쟁이야. 첫 번째 전쟁은 당나라 태종이 직접 군대를 이끌고 고구려를 공격했어. 두 번째 전쟁은 당나라 태종의 아들이 고구려를 공격했지. 두 번 모두 고구려가 승리했단다.

용어 연결고리

연개소문이 영류왕을 죽이자 공격해 온 당나라!
당나라의 태종은 연개소문이 영류왕을 죽인 사건을 핑계로 전쟁을 시작했어. 또, 이전 수나라가 고구려와의 전쟁에서 진 이유를 것을 핑계 삼아 공격했지. 수나라가 요동성에만 매달려 공격한 것과 달리 당나라는 여러 성을 한꺼번에 공격했어. 무거운 돌을 날리는 '포차'라는 무기도 활용했지.

당 태종의 자존심에 상처를 준 고구려·당 전쟁!

당나라 태종은 직접 군대를 이끌었고 요동성, 백암성을 얻었어. 이어서 40만의 당나라 대군이 안시성을 공격했어. 하지만 안시성은 산에 있어서 돌을 날리는 무기인 포차가 올라올 수 없었지. 또 고구려 군대는 당나라의 식량이 오는 길을 막았어. 당나라 태종은 성벽만큼이나 큰 흙산을 만들기도 했는데, 몇 시간 안 되서 고구려 군에 뺏겼지. 결국 당나라 군대는 돌아갈 수밖에 없었어. 전쟁의 승리를 장담하던 당나라 태종은 자존심에 크게 상처를 받았지.

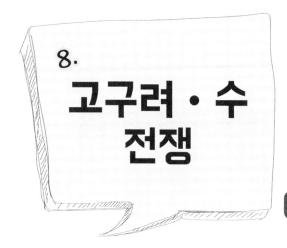

8.
고구려 · 수 전쟁

초등 5학년 2학기 교과서 53쪽 수록

 무슨 뜻일까?

고구려와 중국 수나라의 싸움을 말해. 17년(598년~614년) 동안 4차례나 수나라가 군사를 이끌고 고구려를 공격했지. 전쟁은 고구려가 계속 승리했어.

용어 연결고리

중국을 통일한 수나라가 나타나다!

나누어져 있던 중국 대륙을 수나라 문제 황제가 통일했어. 그런데 옆 나라의 강대국이었던 고구려와 땅을 더 많이 차지하기 위해 신경전을 벌였지. 그런데 고구려의 영양왕이 먼저 수나라를 공격했단다. 그러자 고구려와 수나라의 전쟁이 시작됐어.

가장 많은 군인이 싸웠던 전쟁!

고구려를 공격하기 위해 수나라는 첫 전쟁에서 30만 명, 두 번째 전쟁에서는 113만 명이나 끌고 왔어. 그럼에도 불구하고 수나라는 전쟁에서 고구려에게 번번이 지고 말았어. 고구려의 을지문덕 같은 장수가 작전을 잘 짰기 때문에 큰 승리를 거둘 수 있었지. 고구려가 계속 이긴 이유는 성을 튼튼하게 잘 지었고, 식량을 나르는 수나라의 군대를 공격해서 수나라의 군인들의 식량 줄을 막아 버렸기 때문이었어.

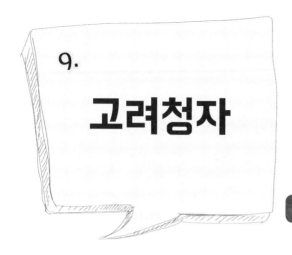

9.

고려청자

초등 5학년 2학기 교과서 110쪽 수록

 무슨 뜻일까?

고려 사람들이 중국 송나라의 푸른색 도자기(청자)를 흉내 내서 만들었는데 그것이 고려청자야. 처음에는 중국을 따라 만든 것이었지만, 나중에는 중국보다 훨씬 더 잘 만들었지.

용어 연결고리

귀족들이 썼던 고려청자!

청자는 굉장히 비싼 물건이었어. 귀족들이 자신이 부자인 것을 보여 주려고 썼던 물건이었지. 청자의 푸른빛은 어떻게 아름다운 빛으로 나타날 수 있었을까? 옛날 사람들은 '옥'을 제일 귀한 보석으로 여겼어. 옥은 대부분 중앙아시아에서 들여왔는데, 그 양이 굉장히 적었대. 그래서 옥을 대신하기 위해 푸른색을 띤 청자를 만들었던 거지.

중국 도자기보다 더 잘 만든 고려청자!

비록 중국 도자기를 베껴 만든 고려 청자였지만, 우리나라 조상들이 더 멋지게 만들었어. 상감청자를 보면 알 수 있지. 무늬가 없는 청자는 '순청자'라고 불러. 흙으로 모양을 만들어 한 번 구운 뒤 무늬를 넣고, 그 안에 색깔이 있는 흙을 넣어 한 번 더 굽는 청자가 상감청자야. 상감청자는 고려에서만 만들었던 청자였지. 송나라 사신이 천하제일이라며 감탄한 글을 남겼을 정도였단다.

10.

고분

초등 5학년 2학기 교과서 46쪽 수록

 무슨 뜻일까?

옛날 사람들이 죽은 후 묻힌 무덤을 '고분'이라고 불러. 고분은 옛날 사람들의 삶을 짐작할 수 있는 굉장히 중요한 자료야.

용어 연결고리

나라마다 고분의 모양이 다르다고?

고구려 사람들은 커다란 돌로 계단 모양의 무덤을 만들었어. 백제 사람들도 계단 모양 무덤을 만들었단다. 고구려 사람과 백제 사람들의 무덤 모양이 같아서 두 나라가 원래 같은 민족이었다는 것을 알 수 있어. 신라의 무덤은 나무함에 시신을 넣고 자갈과 흙으로 묻어 큰 산처럼 보이게 했지.

고분에 벽화가 남아있는 고구려!

처음에 계단 모양의 무덤을 만들던 고구려 사람들은 돌로 방을 만든 후에 그 돌방을 흙으로 덮는 모양으로 바뀌었어. 그리고 돌로 만든 방에 석회칠을 하고 그림을 그렸지. 무덤의 벽에는 춤을 추는 모습, 사냥하는 모습, 부엌에서 음식을 만드는 모습, 무덤 주인의 얼굴을 그렸어. 무덤 안에 있는 벽화를 통해 고구려 사람들이 어떻게 살았는지 알 수 있지. 벽화의 그림들은 막 그린 것 같지만 밑그림 없이 화가가 단번에 그린 거라고 해.

11. 고조선

초등 5학년 2학기 교과서 21쪽 수록

무슨 뜻일까?

우리 조상이 세운 첫 나라가 바로 조선이야. 기원전 2333년부터 기원전 108년까지 있었지. 요동 지방과 한반도에 걸쳐 있었어. 이성계가 건국한 조선과 헷갈려서 앞에 '옛 고 古'를 붙여서 고조선이라고 불러.

용어 연결고리

중국만큼 역사가 긴 우리나라!

환웅과 웅녀의 아들인 단군왕검이 고조선을 세웠어. 이때 중국도 첫 나라를 세워서 요 임금, 순 임금이 다스리던 때였어. 그 후 고조선은 강한 나라로 발전했단다. 이웃 나라인 중국의 연나라와도 전쟁을 할 정도였어. 중국만큼 우리나라도 역사가 참 오래됐지?

위만은 어느 나라 사람일까?

위만은 단군왕검의 후손인 준왕에게서 왕의 자리를 뺏은 사람이야. 위만은 중국 연나라에서 온 사람이었지만, 우리나라 사람 복장을 하고 넘어왔어. 그래서 어떤 사람들은 위만을 중국 사람이라고도 하고 어떤 사람들은 우리나라 사람이라고 말해. 그런데 위만은 왕이 된 후 나라 이름을 바꾸지 않았고, 일하는 관리들도 그대로 두었어. 비록 왕의 자리를 빼앗았지만 위만은 고조선이라는 나라를 계속 이어 갔지.

12. 고조선의 멸망

초등 5학년 2학기 교과서 22~29쪽 수록

무슨 뜻일까?

기원전 108년, 고조선은 중국 한나라의 공격을 1년이나 잘 버텼어. 그런데 상황이 불리해지자 신하들이 고조선의 우거왕을 몰래 죽이고 한나라에 항복했어. 고조선은 신하들이 한나라와 손잡은 바람에 멸망했지.

용어 연결고리

중국 한나라와 충돌한 고조선!

고조선은 중국 한나라가 다른 나라와 거래하는 무역에 끼어들었어. 더 비싼 값을 주고 물건을 한나라에 팔았어. 또 중국 한나라를 오랫동안 괴롭히던 '흉노'라는 유목 민족(가축을 키우며 이동 생활하는 민족)과 친하게 지냈지. 결국 한나라는 고조선의 이런 행동 때문에 전쟁을 먼저 시작했던 거야.

고조선이 망한 후에 한반도에 생긴 일은?

고조선이 멸망한 후, 한나라가 한반도를 직접 다스렸어. 8개 밖에 없었던 고조선의 법은 60개로 늘어났고, 고조선 사람들의 생활이 복잡해졌지. 고조선 사람들은 한나라가 다스리지 않는 한반도 남쪽으로 내려가기도 했어. 한편, 한나라의 다스림에 반대하며 이들을 몰아내기 위해 싸운 사람들도 있었지.

13.

공민왕의 개혁

초등 5학년 2학기 교과서 103쪽 수록

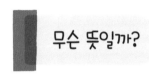

무슨 뜻일까?

고려왕조 끝 무렵 공민왕은 귀족들의 힘을 누르고 왕의 힘을 강하게 하려고 했어. 이것을 공민왕의 개혁 정치라고 해.

용어 연결고리

원나라와 연결된 권문세족!

권문세족은 귀족인데 고려가 몽골(원나라)의 다스림을 받을 때 몽골어를 잘하는 사람, 원나라에 딸을 시집보낸 사람, 원나라의 환관(궁에서 살면서 일을 하는 남자)이 된 사람과 정치, 경제적으로 권력을 가진 사람들이었지. 권문세족은 원나라의 힘을 이용하여 넓은 농장을 가졌고 평민들을 노비(가장 낮은 신분의 하인)로 삼았어. 이들의 농장을 빼앗고 노비를 풀어 준 것이 공민왕의 개혁이야.

실패한 공민왕의 개혁

공민왕은 부인인 노국공주의 죽음 이후 슬픔이 커져 왕의 역할을 제대로 하지 못했어. 그때 신돈이라는 승려가 나타났지. 공민왕은 신돈을 만나기도 전에 꿈속에서 미리 봤다고 해. 그래서 신돈을 믿고 권문세족을 약하게 만드는 개혁을 맡겼어. 하지만 신돈의 힘이 점점 커지자 공민왕은 신돈을 신경 쓰게 되었지. 때마침 주변 사람들은 신돈이 왕의 자리를 빼앗으려한다고 말하자, 공민왕은 결국 신돈을 멀리 내쫓아서 죽였지. 그 뒤 공민왕도 신하에게 죽임을 당하면서 개혁은 실패로 끝났고 말았어.

14.

과거제

초등 5학년 2학기 교과서 89쪽 수록

무슨 뜻일까?

과거제는 관리를 뽑기 위해 시험을 치르는 일이야. 고려 때 광종이 과거제를 958년에 처음 시작했지.

용어 연결고리

신하들을 누르고 왕의 힘을 키우려 했던 광종!

광종은 중국에서 온 '쌍기'라는 사람의 건의로 과거제를 처음 시작했어. 평범한 농민들도 유교 지식이 있으면 시험에 합격해 관리가 될 수 있었지. 광종이 이런 시험을 만든 이유는 아버지 왕건이 죽은 후 왕의 외가 쪽 신하들의 힘이 커졌고, 자신의 두 형인 혜종과 정종이 갑자기 죽었기 때문이었어. 귀족들의 힘을 누르고 임금에게 충성하는 사람을 뽑아 왕의 힘을 키우기 위함이었지.

고려의 무신들은 어떻게 뽑았나요?

고려 시대에는 무신을 뽑는 과거 시험은 없었어. 우리가 잘 아는 서희, 강감찬, 윤관도 모두 무신이 아니라 문신이었지. 문신, 승려, 기술자만 과거제로 뽑았어. 무신은 각 지역에서 무예로 소문난 사람들을 적당히 뽑거나 졸병이던 군인이 공을 세우면 높은 자리로 올려 주는 식이었어.

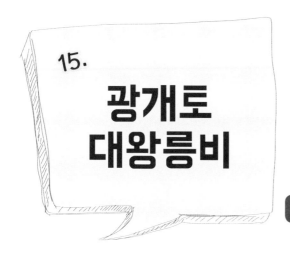

15. 광개토 대왕릉비

초등 5학년 2학기 교과서 39쪽 수록

무슨 뜻일까?

광개토 대왕릉비는 광개토 대왕(375~412)이 죽은 후, 광개토 대왕이 잘한 일을 돌에 새겨 무덤 근처에 세워 둔 비석이야. 광개토 대왕의 아들인 장수왕이 아버지의 업적을 기리기 위해 세웠지.

용어 연결고리

광개토 대왕릉비에는 어떤 내용이 적혀 있을까?

광개토 대왕릉비는 4면에 서로 다른 내용이 쓰여 있어. 첫 번째 면에는 광개토 대왕의 조상인 주몽이 고구려를 세웠다는 내용이야. 두 번째 면은 광개토 대왕이 한 멋진 일들을 자랑하고 있지. 땅을 얼마나 넓혔는지, 신라를 도와 가야와 백제에 병사를 보내 혼내 준 일 등이 써 있단다. 세 번째와 네 번째 면은 광개토 대왕의 무덤을 지키는 사람들에 대하여 말하고 있지.

광개토 대왕릉비에 대한 일본의 잘못된 주장

광개토 대왕릉비에는 글자가 보이지 않는 부분도 많아. 그런데 그런 부분을 일본은 '일본이 와서 백제, 가야를 다스렸다'는 내용이라고 말하곤 해. 하지만 광개토 대왕릉비를 왜 만들었는지 생각해 보면 이 문제는 금방 해결돼. 광개토 대왕릉비는 광개토 대왕과 고구려가 잘 한 일을 자랑하기 위해 만든 거야. 그런 돌에 일본이 잘한 일을 쓸리 는 없는 거지.

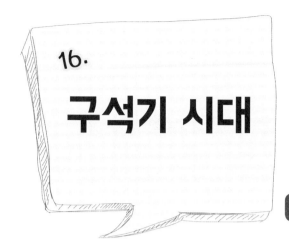

16.
구석기 시대

초등 5학년 2학기 교과서 12~13쪽 수록

무슨 뜻일까?

구석기 시대는 지금으로부터 70만 년~1만 년 전을 말해. 이 시대에는 돌을 깨뜨려 만든 뗀석기를 썼고, 사람들이 자연에서 먹을 것을 얻으며 살았지.

용어 연결고리

무엇으로 도구를 만들었을까?

도구의 재료에 따라 조상들이 살아온 시간을 구분할 수 있어. 돌을 썼으면 석기 시대, 구리와 주석을 합친 청동을 쓰면 청동기 시대, 철을 쓰면 철기 시대야. 그런데 돌로 된 도구는 돌을 깨뜨려 만든 것과 갈아서 만든 것 두 가지가 있어. 깨뜨린 돌을 썼던 때는 '옛' 석기 시대라는 의미로 구석기 시대, 갈아 만든 돌을 썼던 때는 새로운 석기 시대라는 뜻으로 신석기 시대라고 불러.

우리의 가까운 조상인 구석기 시대 사람!

충청북도 청원군의 동굴에서 구석기 시대를 살던 4~6세 정도 된 아이의 뼈를 찾았어. 처음 찾은 사람의 이름을 따서 '흥수아이'라고 불렀지. 뼈 조각 주변에는 국화꽃이 나왔는데, 이때 사람들도 사람이 죽으면 꽃을 바쳤다는 걸 알 수 있어.

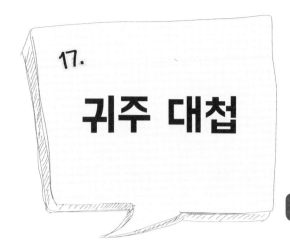

17.
귀주 대첩

초등 5학년 2학기 교과서 99쪽 수록

 무슨 뜻일까?

고려는 거란족이라는 유목 민족과 세 차례나 전쟁을 벌였어. 1019년에 고려의 장군 강감찬은 거란과의 세 번째 전쟁터였던 귀주성에서 큰 승리를 거두었는데, 이를 '귀주 대첩'이라고 불러.

용어 연결고리

거란족은 왜 고려를 공격했을까?
거란족은 중국 송나라 북쪽에 살던 유목 민족이야. 그런데 거란족이 나라를 세워 송나라를 전부 차지하려고 했을 때 송과 친한 고려가 마음에 걸렸던 거야. 송을 공격할 때 고려가 뒤에서 치면 어쩌나 걱정을 했던 거지. 그래서 거란은 송나라의 친구였던 고려를 먼저 쳐들어 온 거야.

귀주성에서 꾀를 쓴 강감찬 장군!

거란은 고려와 친하게 지내는 송나라와의 관계를 끊기 위해 10만 군사를 이끌고 고려를 공격했어. 그러자 강감찬 장군은 냇물을 가죽으로 막았다가 거란군이 지날 때 물을 한꺼번에 흘려보내는 방법으로 크게 승리했어. 그리고 그 뒤에는 좁은 계곡으로 거란의 군대를 몰아가서 계곡 위에서 화살로 공격했지. 또 일부러 비워 둔 귀주성에 거란군이 들어가자 에워싸서 공격했어. 이때 거란 군사 중 살아서 돌아간 사람은 2,000명도 안 됐다고 해. 이 모든 것이 강감찬 장군의 머리에서 나온 작전이었지.

18.

근대

초등 6학년 1학기 교과서 70쪽 수록

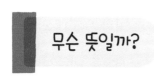

무슨 뜻일까?

많은 학자들이 인간의 긴 역사를 '고대, 중세, 근대의 세 개 시대로 나누는데, 지금과 가까운 시대를 '근대'라고 불러.

용어 연결고리

'근대'라는 말은 유럽에서 먼저 쓰기 시작했어!

유럽에서는 여러 변화가 나타났어. 영국과 프랑스에서는 시민들이 귀족과 왕을 죽이는 '시민 혁명'을 일으켜 국민이 주인이 되는 민주 정치를 시작했어. 왕족, 귀족, 평민과 같은 신분도 사라졌지. 그리고 인간이 살아가는데 필요한 물건을 만들 때 기계를 쓰기 시작했지. 이것을 '산업 혁명'이라고 해. 자연의 현상을 밝히려는 과학의 수준도 높아졌지. 민주 정치를 시작하고 산업 혁명과 함께 기계 공장과 과학이 발달한 시대를 '근대'라고 부른단다.

여러 나라들이 유럽을 따라가려고 노력했어!

시민 혁명과 산업 혁명으로 강해진 유럽의 여러 나라들은 다른 나라를 공격하고 식민지(다른 나라의 다스림을 받는 나라)로 만들었어. 그러자 아시아, 아프리카의 여러 나라들도 유럽을 따라해 나라를 강하게 만들려고 했지. 이것을 '근대화'라고 불러. 일본은 유럽의 모든 것을 받아들이려 했고, 청나라는 무기와 과학만 받아들이려고 했어. 당시 조선은 일본과 청나라의 근대화 방법 중 어떤 것을 따를지 고민을 하던 때였지.

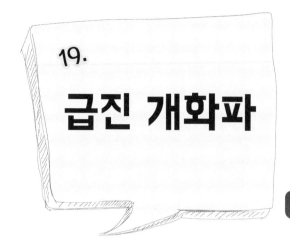

19.
급진 개화파

초등 6학년 1학기 교과서 64쪽 수록

 무슨 뜻일까?

개화파는 나라를 개방하고 서양의 문물을 받아들여 나라를 강하게 만들려고 했던 사람들이야. 개화파 중에서도 서양의 모든 것을 받아들여야 한다고 생각하는 사람들을 '급진 개화파'라고 불러.

용어 연결고리

임오군란 이후 청의 간섭이 심해졌어!

1882년에 임오군란이 일어나자 청나라 군대가 조선에 들어와 반란을 막았어. 그 뒤로 청나라는 조선의 일에 사사건건 간섭했지. 그러자 개화파는 청의 간섭을 받아들이는 사람들과 반발하는 사람들로 나뉘게 돼. 받아들이자는 사람들은 온건 개화파였고, 반발하는 사람들이 급진 개화파였어.

생각이 달랐던 온건 개화파와 급진 개화파!

온건 개화파와 급진 개화파는 나라를 바꾸려는 생각이 크게 달랐어. 온건 개화파는 청나라를 모방하려고 했는데, 청나라는 서양의 무기와 과학기술만 받아들이면 된다고 여겼지. 반면에 급진 개화파는 일본을 모방하려고 했어. 일본은 서양의 무기나 먹는 것, 입는 것뿐만 아니라 나라를 다스리는 방법도 배우려고 했지.

20.
길상탑지

초등 5학년 2학기 교과서 81쪽 수록

무슨 뜻일까?

길상탑은 895년 해인사 입구에 만들어졌어. 길상탑지는 돌 판에 길상탑을 만든 이유를 적어 놓은 것인데, 탑 속에 들어 있었지. 길상탑지는 신라 말기의 학자인 최치원이 썼다고 해. 탑지에 적힌 내용으로 신라 말 사회의 모습과 승려의 활동 및 절의 운영에 등을 파악할 수 있어.

용어 연결고리

진성 여왕이 다스리는 신라는 혼란스러워!

진성 여왕이 다스렸던 신라는 농민이 도적이 되서 나라 일에 반대하는 일이 잦았어. 많은 세금을 자주 거두어들여서 일어난 일이었지. 도적들로부터 절을 지키기 위해 나섰던 승려들 중 56명이 목숨을 잃었는데, 이들의 영혼을 달래기 위해 길상탑을 만들었다고 해.

진성 여왕에게 건의했지만 무시당한 최치원!

최치원은 당나라의 관리를 뽑는 과거 시험에 붙을 정도로 머리가 좋고 글을 잘 쓰는 사람이었어. 최치원은 진성여왕에게 좋은 건의를 여러 번 올렸었지. 하지만 최치원이 높은 귀족 신분이 아니었기에 매번 무시를 당했어. 결국 최치원은 관리 자리를 그만두고 해인사에서 남은 삶을 보냈단다.

21.

김춘추

초등 5학년 2학기 교과서 55쪽 수록

무슨 뜻일까?

김춘추는 신라 제29대 임금인 무열왕의 이름이야. 신라 최초로 진골 출신 임금이었지. 삼국 통일의 기반을 다진 왕으로 백제와 고구려를 통합하기 위해 외교를 이용하기도 했어.

용어 연결고리!

신라를 구하기 위해 외교 활동을 펼친 김춘추!

신라는 선덕 여왕 때 고구려와 백제가 함께 공격해 오자 위기에 처했어. 신라의 중요한 지역인 대야성도 빼앗겼지. 그래서 김춘추는 신라를 도와줄 나라를 찾으려 먼저 고구려를 찾아갔지. 하지만 고구려가 한강유역의 땅을 돌려달라고 해서 고구려를 신라 편으로 끌어들이지 못했어. 다시 김춘추는 고구려와의 여러 차례 전쟁에서 패한 당나라 태종 황제를 만나러 갔고, 당과 외교 관계를 맺는데 성공했어.

고구려에서 토끼의 간 이야기로 빠져나온 김춘추!

김춘추는 고구려에 갔다가 감옥에 갇혔어. 한강유역의 땅을 돌려달라는 고구려왕의 말을 거절했기 때문이었지. 김춘추는 감옥에서 빠져나올 좋은 꾀를 알려달라고 고구려 귀족에게 도움을 청했어. 그때 알려 준 것이 토끼의 간 이야기였어. 용왕이 토끼에게 간을 달라고 하자, 토끼가 자신을 땅으로 데려다주면 간을 주겠다고 꾀를 써서 빠져나온 이야기지. 김춘추는 이 이야기를 이용했어. 신라로 돌아가면 한강유역의 땅을 주겠다고 말하곤 도망쳐 나왔지. 물론 한강유역의 땅은 실제로 주지 않았지만 말이야.

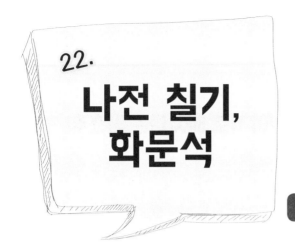

22. 나전 칠기, 화문석

초등 5학년 2학기 교과서 92쪽 수록

무슨 뜻일까?

나전 칠기는 나무로 함을 만들어 검게 옻칠을 하고 그 위를 조개껍질로 장식한 것을 말해. 화문석은 '왕골'이라는 식물에 색을 들여서 엮은 돗자리를 말해.

용어 연결고리!

고려에서 잘 만드는 나전 칠기와 화문석!

화문석은 소재가 시원해서 여름에 누우면 더위를 잊을 수 있었어. 신라 때부터 널리 쓰였단다. 고려에 온 다른 나라 사람들은 나전 칠기, 인삼과 더불어 많이 사갔어. 고려에 왔던 중국인 서긍은 화문석을 엄청 칭찬했다고 해. 화문석 중에서도 용무늬 화문석이 제일 인기가 있었지.

54

다양하게 쓰인 나전 칠기!

나전 칠기는 우리나라 사람들은 물론, 다른 나라 사람들에게도 인기가 있었어. 중국보다 우리나라에서 먼저 만들었는데, 삼국 시대부터 만들었다고 해. 나전 칠기로 장식한 신라 거울과 백제 무령왕릉의 베개가 있는데, 이것은 모두 삼국 시대 것이야. 일상 생활에 쓰이는 다양한 물건을 나전 칠기로 만들어 썼다는 걸 알 수 있어.

23. 농경문 청동기

초등 5학년 2학기 교과서 27쪽 수록

무슨 뜻일까?

농경문 청동기는 구리와 주석을 섞어 만든 금속인 청동에 농사를 짓는 모습이 그려져 있는 것을 말해.

용어 연결고리

청동기 시대 농사짓는 모습을 알 수 있어!

농경문 청동기의 뒷면에는 밭을 갈고 있는 남자의 모습이 그려져 있어. 씨를 뿌리기 위해 밭에 10개의 가로선을 만들고 있지. 앞면에는 새 모양의 장대가 그려져 있는데 이건 솟대야. 옛날 사람들은 새가 하늘에 가까운 동물이라고 여겨 하늘과 신을 나타낸다고 생각했지. 하늘, 신과 관련된 사람이 이 청동기를 썼을 것으로 생각하고 있어.

농경문 청동기는 어디에 사용되었을까?

농경문 청동기의 가장 윗부분에는 6개의 네모난 구멍이 있어. 이 구멍이 조금씩 닳아 있어서 사람들은 이 구멍에 실을 매어 사람 목에 걸었을 거라고 추측했지. 하지만 직접 본 것이 아니기 때문에 옛날 사람들이 어떻게 썼는지 정확히 알 수는 없어. 다른 용도로 썼을 수도 있지. 어떻게 썼을지 상상해 보는 건 어떨까?

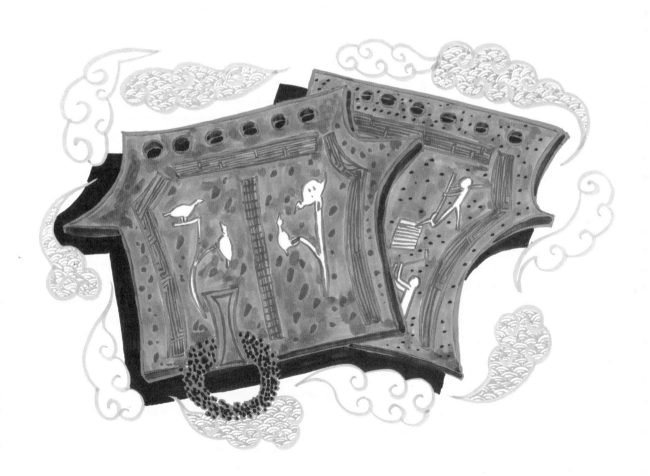

24.
단군왕검

초등 5학년 2학기 교과서 23쪽 수록

 무슨 뜻일까?

단군왕검은 환웅과 웅녀의 아들로 기원전 2333년에 우리 역사에서 최초의 나라인 조선을 세운 사람이야. 단군왕검의 조선은 아사달을 수도로 삼았지.

용어 연결고리

단군왕검은 어떤 뜻일까?

하늘의 아들인 환웅은 곰에서 여인이 된 웅녀와 혼인해 아들을 낳았어. 아들이 바로 고조선을 세운 단군왕검이야. '단군'은 우리나라 말로 '무당' 같은 일을 하는 사람이야. '왕검'은 힘이 센 남자로 '족장' 같이 나라를 다스리는 사람을 뜻하는 말이지. 요즘으로 치면 대통령과 목사님 역할을 한 사람이 했던 거야.

단군왕검은 언제까지 살았을까?

〈삼국유사〉라는 책을 보면 단군왕검이 1500년간 고조선을 다스렸다고 쓰여 있어. 그리고 다른 사람에게 왕 자리를 주고 1908세에 산신령이 되었대. 사람이 어떻게 1900년이나 넘게 살 수 있냐고? 참 이상하지? 그래서 단군왕검이 사람 이름이 아니라는 사람들도 있어. '왕'을 우리나라 말로 '단군왕검'이라고 불렀다는 거야. 그럼 '단군왕검의 후손이 1500년간 왕의 자리를 이어가다가 왕의 핏줄이 바뀌었다'로 책의 내용을 생각할 수 있어.

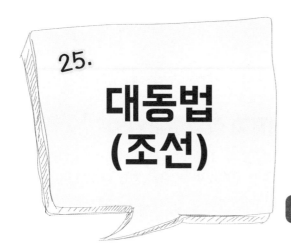

25.
대동법
(조선)

초등 6학년 1학기 교과서 12쪽 수록

무슨 뜻일까?

조선에는 백성들에게 특산물을 걷는 세금이 있었어. 이를 '공납'이라고 불렀지. 공납을 내는 일은 백성들에게 힘든 일이었어. 그래서 공납을 쌀이나 동전, 옷감 등 한 가지로 내도록 한 것이 대동법이야.

용어 연결고리

방납의 문제를 해결한 대동법

나라에서는 그 지역에서 만들 수 없는 물품을 공납으로 내라고 명령했어. 녹차 잎을 키울 수 없는 지역인데도 녹차를 내라는 식이었지. 그래서 백성들은 상인들에게 많은 돈을 주고 다른 지역에서 녹차를 구입하여 공납을 냈어. 이것을 '방납'이라고 하는데, '공납을 막아 내다'라는 뜻이야. 그런데 대동법은 화폐로 세금을 내도록 했고, 나라에서 화폐로 필요한 물건을 상인에게 직접 구입했어. 이렇게 방납의 문제가 해결됐지.

실시되기까지 60년이나 걸린 대동법!

광해군은 경기도에서 대동법을 시작했어. 그런데 대동법이 전국적으로 실시되기까지 60년이나 걸렸어. 양반들의 반대가 심했기 때문이야. 원래 공납은 집집마다 모두 똑같이 걷었어. 예를 들면 가난한 집이나 부잣집이나 전복 50개씩 냈던 거지. 하지만 가난한 집은 점점 세금을 감당하지 못하고 빚을 졌어. 이 문제를 해결하기 위해 대동법은 부자에게 더 세금을 거뒀어. 땅의 넓이를 기준으로 세금을 내게 했지. 그러자 땅 주인인 양반들이 공납을 내야 해서 반대했던 거야.

26. 대조영

초등 5학년 2학기 교과서 58쪽 수록

무슨 뜻일까?

대조영은 고구려 사람이었어. 고구려가 망한 후 고구려를 잇는 나라인 발해를 698년 동모산에서 세웠지. 나라 이름이 발해인 이유는 발해만까지 뻗어 가는 큰 나라를 만들자는 뜻에서 지었어.

용어 연결고리

고구려가 없어진 후 당나라로 끌려갔던 사람들

668년에 고구려는 당나라와 신라 군대에 의해 망했어. 고구려 사람들은 억지로 나라 밖으로 끌려갔지. 영주라는 곳에서 고구려 사람들과 유목 민족인 말갈족은 당나라의 다스림을 받았어. 고구려 사람과 말갈족은 영주를 다스리는 관리에 반대하며 들고 일어났지. 이때 이들을 이끈 사람이 대조영이야. 당나라 군대와 싸움에서 승리한 대조영은 발해를 세웠어.

대조영은 고구려 사람일까 말갈족일까?

당나라는 자신들 역사책에서 대조영에 대해 오락가락하며 쓰고 있어. 〈구당서〉라는 책에서는 대조영을 고구려 사람이라고 했지만, 〈신당서〉에서는 말갈족이라고 썼지. 발해는 고구려 사람과 말갈족이 힘을 합쳐 만든 나라야. 그러다 보니 당나라가 발해와 사이가 좋을 때는 고구려 사람이라고 했다가 발해와 사이가 좋지 않았을 때는 말갈족이라고 무시했던 것이라고 볼 수 있어.

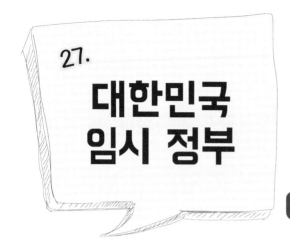

27.
대한민국 임시 정부

초등 6학년 1학기 교과서 92쪽 수록

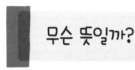

무슨 뜻일까?

1919년 4월에 김구와 이승만 등을 중심으로 중국 상하이에서 대한민국의 독립을 위하여 조직한 임시 정부를 말해.

용어 연결고리

3·1운동이 계기가 되어 만들어진 대한민국 임시 정부!
1919년 우리 조상들은 독립(다른 나라에 다스림 받지 않는 상태)하고 싶은 마음을 보여 주고자 3·1운동을 일으켰지만 독립하지 못했어. 3·1운동은 운동을 전체적으로 이끄는 지도자가 없었어. 여기저기에서 서로 어수선하게 시위가 일어났지. 학급에 회장이 없는 상태를 생각해 봐. 그래서 독립 운동을 효과적으로 이끌 학급 회장 역할을 하는 단체가 필요해서 대한민국 임시 정부를 만들게 된 거야.

대한민국 임시 정부는 어떤 활동을 했을까?

대한민국 임시 정부는 중국 상하이에 있었어. 상하이에 외국인들이 많이 살아서 한국의 독립을 외교관들에게 부탁하기 쉬웠기 때문이었지. 임시 정부의 초대 대통령으로 이승만을 뽑았던 이유도 외교활동을 잘 했기 때문이었어. 그 외에도 국민들이 후원한 돈을 모아 무기를 사기도 했지. 독립신문을 펴내기도 했고 비밀리에 한반도에 있는 사람들과 연락해 독립운동을 준비했지.

28.
대한 제국

초등 6학년 1학기 교과서 69쪽 수록

무슨 뜻일까?

1897년에 조선의 26대 임금인 고종은 조선을 왕보다 한 단계 높은 황제가 다스리는 나라로 만들었어. 이때 나라 이름을 바꿨는데 '황제가 다스리는 나라'라는 의미의 '제국', 오래전에 우리나라에 있던 '삼한'이라는 나라의 이름을 따서 '대한', 그래서 이름이 대한 제국이 된 거야.

용어 연결고리

독립된 나라의 의지를 담은 대한 제국
명성황후가 일본인들에게 죽임을 당하자 고종은 두려운 마음에 밤중에 러시아 외교관이 있는 러시아 공사관으로 피신했어. 그러자 우리나라에 대한 러시아의 간섭이 심해졌어. 고종은 1년 만에 러시아 공사관에서 돌아왔고, 우리나라가 독립된 나라라는 것을 보여 주기 위해 대한 제국을 세운 거야.

근대적인 개혁을 꾀했던 고종 황제

당시의 선진국인 유럽의 제도를 받아들여 나라를 강하게 만드는 것을 근대적 개혁이라고 해. 고종 황제는 여러 개혁을 했어. 유럽의 총, 대포 같은 무기를 가진 군대를 키우고, 여러 회사도 세웠어. 또, 땅 문서를 만들어 주기도 했지. 서울에 전차를 놓기도 하고 덕수궁 안에 유럽식 건물을 짓기도 했어.

29. 도요토미 히데요시

초등 6학년 1학기 교과서 11쪽 수록

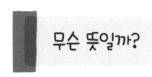

무슨 뜻일까?

도요토미 히데요시는 일본의 무장이자 정치가야. 일본에서는 약 100년 간 영주들이 무사들을 이끌고 서로 땅을 차지하려고 싸움을 했어. 이러한 싸움에서 승리하여 일본을 통일한 사람이 바로 도요토미 히데요시야.

용어 연결고리

일본은 유럽에서 총을 받아들였어!

도요토미 히데요시는 원래 오다 노부나가의 부하였어. 오다 노부나가는 포르투갈에서 총을 처음으로 받아들여 주로 칼로 싸웠던 일본 무사들을 계속 이겼어. 그러다 오다 노부나가는 다른 부하에게 공격을 당해서 죽고 말았지. 도요토미 히데요시는 그 뒤를 이어 일본의 모든 무사를 이기고 일본을 다스리는 자리에 올랐단다.

조선을 공격한 도요토미 히데요시!

일본에서 전쟁이 없어지자 무사들은 일자리를 잃고 불만이 많아졌

어. 그러자 도요토미 히데요시는 무사들의 불만을 풀어 주고자 조선

을 공격하기로 했지. 그래서 조선에 명나라를 치러 간다며 길을 비켜

달라는 편지를 썼어. 하지만 조선이 싫다고 하자 일본군은 1592년에

부산을 공격했고, 이게 바로 임진왜란(임진년부터 7년간 치른 조선과

일본의 전쟁)의 시작이야.

30.

독립 협회

초등 6학년 1학기 교과서 68쪽 수록

 무슨 뜻일까?

1896년에 미국에서 돌아온 서재필이 개화 지식인들과 함께 만든 단체야. 이들은 독립신문을 발간하고, 우리나라가 다른 나라의 지배를 받지 않는 나라라는 것을 알리기 위해 우리 땅에서 나오는 자원을 지키려고 했어.

용어 연결고리

국민들의 일깨우고자 했던 독립 협회!
명성황후가 일본인들에게 죽임을 당하자 고종은 러시아 공사관으로 몸을 피했어. 이 무렵 우리나라는 러시아의 간섭을 당했지. 이때 미국에서 공부하고 돌아온 서재필은 우리나라가 독립 국가라는 것을 알리기 위해 독립신문을 펴내고 독립 협회를 만들었단다. 그리고 국민들의 의식을 일깨우기 위해 토론회와 연설회를 열고 독립문도 세웠지.

독립 협회가 흩어진 이유!

독립 협회가 왕이 없는 나라를 만들려 한다는 헐뜯는 이야기를 고종이 듣게 되었어. 그러자 고종은 화가 나서 독립 협회를 없애려 했지. 하지만 독립 협회는 쉽게 흩어지지 않았단다. 결국 고종을 지지했던 보부상단체와 독립 협회 사이에 서로 다툼이 일어났고, 결국 이 다툼으로 독립 협회는 흩어지게 되었어.

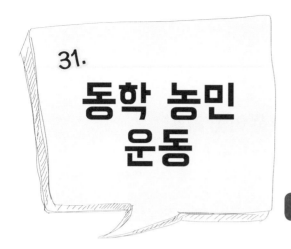

31.
동학 농민 운동

초등 6학년 1학기 교과서 65쪽 수록

무슨 뜻일까?

동학 농민 운동은 1894년에 전라도를 중심으로 일어났어. '동학'이라는 새로운 종교가 바탕이 되었지. 동학에 영향을 받은 농민들이 자신들의 뜻을 나라에 알리기 위해 일으킨 운동이었어. 동학 농민 운동은 충청도, 경상도, 강원도 일부 지역까지 넓게 퍼져 나갔단다.

용어 연결고리

나쁜 관리였던 조병갑!

조병갑은 '고부'라는 마을에 파견된 수령이었어. 그런데 조병갑은 마을 사람을 동원하여 만석보라는 저수지에 물을 모아 두고 물세를 받는 등 나쁜 일들을 저질렀지. 전봉준의 아버지가 조병갑의 행실을 따지러 갔다가 맞아 죽은 일이 생기자 농민 봉기가 일어나게 된 주요 원인이기도 했어.

농민들이 생각보다 잘 싸웠던 이유는?

농민들은 군인이 아니었지만 잘 싸웠어. 마을의 지형을 잘 활용하였고 일상생활에 쓰던 물건을 무기로 만들어 썼어. 장태라는 것이 있는데, 장태는 닭과 병아리를 가두어서 기르던 것이었지. 장태 안에 솜이나 돌맹이를 넣고 장태 뒤에서 군인들의 총을 피하기도 했고, 장태에 칼을 꽂아 산 위에서 무기로 던지기도 했지. 이런 방법으로 농민군은 전라도 일대에서 힘을 뻗어 나갈 수 있었어.

32.

뗀석기

초등 5학년 2학기 교과서 12쪽 수록

무슨 뜻일까?

뗀석기는 돌을 깨뜨려 만든 도구를 말해. 사람이 뗀석기를 썼던 시기를 구석기 시대라고 부르는데, 지금으로부터 약 70만 년 전에 구석기 시대가 시작됐어. 뗀석기를 쓰면서 비로소 사람은 동물을 사냥할 수 있었지.

용어 연결고리

사냥을 통해 신선한 고기를 먹을 수 있었어!

사람은 처음에 다른 동물이 먹다 남긴 죽은 고기를 먹었어. 그래서 배탈이 자주 났고 수명도 짧았지. 평균 수명이 10대 초반 정도였거든. 그러다 우연히 돌이 깨진 날카로운 부분을 이용해 동물을 사냥하게 되어 뗀석기를 쓰기 시작한 거야. 그때부터 사람은 신선한 고기를 먹었고 이전 시기보다 오래 살게 되었지.

구석기 시대 사람들은 얼마나 자주 사냥했을까?

우리 조상들은 떼로 다니면서 힘을 합쳐서 사냥했어. 주로 사슴, 염소, 멧돼지를 사냥했지. 그런데 사냥은 생각보다 쉬운 일이 아니었어. 2주 넘게 사냥을 못해서 쫄쫄 굶을 때도 있었지. 그럴 때는 과일이나 버섯을 따기도 하고 물고기를 잡기도 했어. 이따금 사람들과 힘을 합쳐 고래도 잡아먹었다고 해.

33. 모내기법

초등 6학년 1학기 교과서 11쪽 수록

무슨 뜻일까?

벼의 씨를 모판에서 키워서 싹이 나면 논에 옮겨 심는 방법을 '모내기법'
이라고 해.

용어 연결고리

임진왜란 이후 모내기법이 퍼졌어!

모내기법은 씨앗을 바로 땅에 뿌리는 것이 아니라 모를 모판에 심어서
기르다가 어느 정도 크면 논으로 옮겨와 줄지어 심는 방법이야. 모내
기법은 비가 알맞게 내리면 농사가 2배나 잘 되었어. 하지만 비가 오지
않으면 농사를 지을 수가 없어서 나라에서 하지 말라고 했어. 우리나라
는 임진왜란이 끝난 뒤 그 동안 땅을 가꾸지 않아서 도저히 농사를 지
을 수 없었지. 그러자 농민들은 저수지를 만들고, 모내기법으로 농사를
짓기로 한 거야.

모내기법은 일손을 덜어 주었어!

모내기법은 여러 명이 할 일을 혼자서도 할 수 있게 일을 줄여 주었어. 벼를 줄맞춰 심다보니 잡초를 뽑기 쉬웠기 때문이야. 또 쌀도 2배 이상 더 많이 거둘 수 있었어. 그러다 보니 혼자서 넓은 땅을 농사짓고 부자가 된 농민들이 생겨났어. 하지만 반대로 땅이 없는 농민들은 빌릴 땅이 없어져서 더욱 가난해졌지.

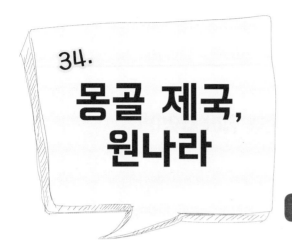

34.
몽골 제국,
원나라

초등 5학년 2학기 교과서 100, 103쪽 수록

무슨 뜻일까?

테무친(칭기즈 칸)이 흩어져있던 유목 민족인 몽골족을 모아 나라를 세웠는데 이것이 몽골 제국이야. 아시아부터 유럽에 걸친 굉장히 넓은 나라였어. 테무친이 죽은 후 나라가 5개로 나뉘었는데, 그 중 중국에 있던 나라를 '원나라'라고 해.

용어 연결고리

칭기즈 칸의 손자 쿠빌라이가 다스린 원나라!
칭기즈 칸이 죽은 후 셋째 아들이 그 다음 칸(몽골 제국의 황제)이 됐지만 셋째 아들과 넷째 아들의 집안은 계속 다음 칸 자리를 두고 다퉜어. 5대 칸이 누가 되느냐를 두고 일어난 싸움에서 셋째 아들 집안의 쿠빌라이가 이겼고 중국 지역을 다스리게 됐어. 쿠빌라이는 중국 지역을 차지한 후 나라 이름을 '원'이라고 했지.

고려가 몽골의 통치 속에서
독립을 지킬 수 있었던 이유는?

고려의 황태자(훗날 충렬왕)는 몽골과의 전쟁에 항복한 후 몽골 제국으로 가게 되었어. 그때 칭기즈 칸의 손자들이 왕의 자리를 두고 싸우고 있었지. 이때 충렬왕은 쿠빌라이를 지원했어. 쿠빌라이도 크게 고마워했지. 그래서 쿠빌라이가 나중에 왕이 되자, 충렬왕은 쿠빌라이의 딸과 결혼했고, 고려는 몽골의 부마국(공주 남편의 나라)으로 나라를 지킬 수 있었지. 충렬왕이 아니었으면 고려는 몽골에 한 부분으로 합쳐졌을지도 몰라.

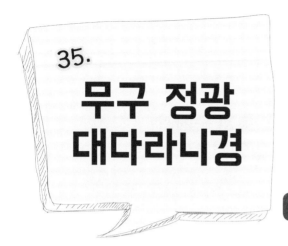

35.
무구 정광
대다라니경

초등 5학년 2학기 교과서 69쪽 수록

무슨 뜻일까?

불국사 3층 석탑에서 발견된 세계에서 가장 오래된 목판 인쇄물로 국보 제 126호야. 나무판에 글씨를 새겨서 찍은 것이지. 751년쯤 만들어진 것이야.

용어 연결고리

무구 정광 대다라니경은 어떤 내용일까?

무구정광(無垢淨光)은 한자로 죄나 허물을 없애고 맑고 깨끗하게 해준다는 뜻이야. '다라니'는 주문을 뜻하는 인도 말이지. 죄와 허물을 없애고 수명을 길게 만들어 주는 주문이 적혀 있어. 세로는 6.6센티미터인데 가로길이가 642센티미터나 되는 두루마리야. 현재 경주에 있는 불국사를 만들 때 함께 만들어진 게 아닐까 추정하고 있어.

80

무구 정광 대다라니경은 어떻게 발견되었을까?

무구 정광 대다라니경은 불국사에 있는 석가탑을 수리하면서 발견되었어. 1966년에 도굴꾼들이 석가탑 안에 있는 사리함을 훔치려다 실패한 일이 있었는데, 사고 후 탑에서 균열이 발견되어 수리에 들어갔지. 그런데 탑을 해체했더니 2층 탑신부에서 귀중한 유물들이 발견된 거야. 바로 세계에서 가장 오래된 목판 인쇄물인 무구 정광 대다라니경이 발견되어 사람들을 깜짝 놀라게 만들었지.

36.

무신 정권

초등 5학년 2학기 교과서 100쪽 수록

무슨 뜻일까?

무신은 고려를 지켰던 군인들 중 관직에 오른 사람들을 말해. 무신들은 글로 나라를 다스렸던 문신들에 비하여 낮은 대우를 받았어. 무시를 받는 일이 계속 되자, 1170년에 무신들은 들고 일어나 권력을 차지했지. 이후 무신이 고려를 다스렸는데 이것을 '무신 정권'이라고 한단다.

용어 연결고리

문신보다 낮은 대우를 받았던 고려의 무신!
문신과 무신은 같은 관리였지만 대가로 받는 땅도 무신이 더 적었고, 전쟁에 나가더라도 문신이 가장 높은 자리에 임명되었어. 특히 왕 앞에서 대장군 이소응이 젊은 문신에게 뺨을 맞는 일이 생겼어. 이때 무신들은 참지 못하고 문신들을 죽이는 반란을 일으켜서 권력을 얻었지.

왕 대신 실권을 잡은 무신들!

처음 무신정변을 일으킨 사람은 정중부였어. 그런데 정중부는 권력을 잡고 나라를 다스리려고 했지 왕이 되려고 하진 않았어. 백성들이 자신을 원망할까 봐 두려웠거든. 하지만 결국 정중부는 몰래 죽임당했고, 그 뒤를 이은 무신 출신의 경대승, 이의민, 최충헌이 권력을 잡고 나라를 다스렸지.

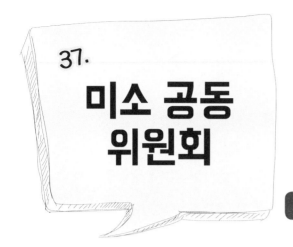

37.
미소 공동 위원회

초등 6학년 1학기 교과서 115쪽 수록

 무슨 뜻일까?

1945년에 모스크바 삼국 외상 회의에서 미국, 영국, 소련(1922~1991년에 있었던 러시아와 그 주변 나라가 합하여 만든 나라)의 외무 장관들이 한반도의 문제를 의논하려고 모였어. 이 회의에서 한반도에 임시 정부를 만들고 미소 공동 위원회를 설치하기로 정했지. 미국과 소련이 모인 미소 공동 위원회는 1946~1947년까지 2차례 덕수궁 석조전에서 열렸어.

용어 연결고리

미국과 소련의 냉전

미국과 소련은 미소 공동 위원회에서 계속 다퉜어. 당시 이 두 나라는 서로의 이익을 위해 동맹국을 늘리려고 견제했거든. 실제로 전쟁을 하는 게 아니라 경제나 외교 정보 등으로 싸운다는 뜻에서 냉전을 벌인 거야.

84

신탁 통치 찬성파 VS 반대파

신탁 통치란 한국인이 아직 나라를 통치할만한 힘이 없기 때문에 미국과 소련이 힘을 기를 때까지 대신 다스리는 거야. 지금 초등학생들이 중요한 결정을 할 때 부모님의 생각을 꼭 확인하는 것과 비슷해. 부모님이 바로 후견인(돌보아 주는 사람)이기 때문이야. 신탁 통치도 소련과 미국이 후견인처럼 한국을 돌보아 주기 위해 정했지만, 많은 한국 사람들은 신탁 통치를 식민 통치라고 생각해서 싫어했어. 미소 공동 위원회에도 한국인의 반대 때문에 나라를 세우는 방안을 쉽게 정할 수 없었지.

38.

별무반

초등 5학년 2학기 교과서 99쪽 수록

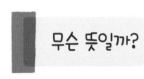

무슨 뜻일까?

고려 숙종 때 여진족을 공격하기 위해 만든 군대를 '별무반'이라고 해. 한
자 뜻을 참고하면 '다를 별(別), 병사 무(武), 나눌 반(班)'이니까 고려의 보
통 병사들과는 다른 군대라는 의미야.

용어 연결고리

별무반은 왜 생겼을까?

유목 민족이었던 여진족은 옛날부터 고려를 부모의 나라로 섬겼지. 그런
데 1104년에 고려는 '아골타'라는 사람을 중심으로 뭉친 여진족과 싸우
게 되었어. 하지만 결국 지고 말았지. 이후 고려는 말을 타고 잽싸게 싸
우던 여진족을 막기 위해 특별한 군대를 만들었는데 그게 별무반이야.

별무반의 활약으로 거둔 승리!

고려의 '윤관'이라는 장군이 별무반을 만들 것을 건의했어. 별무반은 말을 타는 기병인 신기군, 보병인 신보군, 승려로 구성된 항마군으로 구성되었지. 이외에도 장사꾼, 노비 등 다양한 직업을 가진 사람들이 별무반에 들어갔어. 1107년이 되자 3년 만에 여진족과 다시 싸우게 되었는데, 이때 고려는 별무반의 활약으로 승리를 거뒀고 여진족의 땅을 빼앗아 동북 9성을 쌓았어.

39.
병인양요

초등 6학년 1학기 교과서 56쪽 수록

무슨 뜻일까?

1866년에 프랑스 군대가 조선을 공격한 사건을 말해. 1866년이 병인년이고, 프랑스 군대인 서양 세력이 침입해서 '병인양요'라고 하지.

용어 연결고리

프랑스 군대가 조선을 공격한 이유는?
흥선 대원군은 조선에 천주교가 퍼지자 조선에서 선교 활동을 하던 프랑스 선교사 9명을 죽였어. 이 소식이 알려지자 프랑스에서 군대를 보내 조선의 강화도를 공격한 거야.

한성근, 양헌수가 프랑스 군대를 물리쳤어!

프랑스 군대는 프랑스 선교사에 대한 복수를 하려고 강화도를 침략했어. 외규장각의 귀중한 도서들을 훔쳐 간 것도 이때의 일이야. 당시 문수산성을 지키고 있던 한성근과 조선군대 120명은 몰래 숨어 있다가 프랑스 군인 27명을 공격했지. 또, 강화도의 정족산성에서 양헌수와 조선군인 500명이 프랑스 군대와 충돌했어. 총알도 충분치 않았던 조선군이었지만 성의 입구에서 프랑스 군인들을 잘 공격하여 30여 명에게 피해를 입혔어. 결국 프랑스 군은 정족산성에서 조선군에 패하고 말았단다.

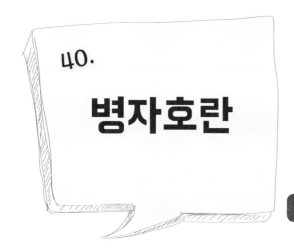

40.

병자호란

초등 5학년 2학기 교과서 168쪽 수록

무슨 뜻일까?

1636년 병자년에 여진족이 세운 '후금'이 나라 이름을 '청'이라고 바꾸고 조선을 쳐들어 온 사건을 말해.

용어 연결고리

청은 왜 조선을 공격한 거야?

1627년 정묘호란에서 이긴 후금은 조선과 형제 관계를 맺고 돌아갔지. 이후 후금은 나라 이름을 '청'나라로 바꾸었어. 그리고 청이 자신은 황제의 나라, 조선은 신하의 나라로 만들어 이전의 관계를 바꾸려고 했지. 하지만 조선의 임금인 인조는 중국의 명나라를 황제의 나라로 섬기고 있어서 싫다고 했어. 그러자 청이 조선을 공격해 왔고 이것이 1636년의 병자호란이야.

결국 청나라에 항복한 인조

청나라 군대가 조선의 수도 한성을 빠르게 공격하자. 인조는 남한산성에 들어가 청군에 맞섰어. 하지만 당시 조선의 군대는 1만 명 정도였고 추운 12월에 시작한 전쟁이었지. 게다가 성안에는 50일 정도의 식량 밖에 없었단다. 결국 조선은 청나라와 몇 차례 전투 끝에 한 달 만에 굴욕적인 항복을 하고 말았어. 병자호란 이후 조선은 1644년에 명나라가 망하자 청을 황제의 나라로 섬기게 되었어.

41.

불교 수용

초등 5학년 2학기 교과서 39쪽 수록

무슨 뜻일까?

불교는 부처님의 가르침을 따르고 수행하는 종교야. 불교 수용은 불교를 나라의 종교로 받아들인 일을 말해.

용어 연결고리

우리나라에는 삼국 시대 때 불교가 들어왔어!

우리나라에는 372년, 고구려 소수림왕 때에 중국에서 불교가 들어왔어. 이후 백제와 신라에도 전파된 뒤 다시 일본으로 전해졌지. 삼국 시대에는 원효, 의상, 혜초 같은 이름난 승려들도 나타났어. 이들은 우리나라 불교 발전에 많은 영향을 끼쳤단다. 고려 시대에도 불교는 나라의 보호를 받으며 발전했어. 이후 '연등회'와 '팔관회' 같은 국가적인 큰 불교 행사를 열기도 했지.

왕이 불교를 받아들인 이유는?

불교는 인도의 왕자였던 '석가모니'의 가르침을 믿고 따르는 종교야. 석가모니는 인간이 고통스러운 이유가 무엇인지 알려고 계속 생각하다가 깨달음을 얻어 부처가 되었지. 불교는 석가모니처럼 자신의 몸과 마음을 갈고 닦아서 깨달음을 얻고자 하는 종교야. 그런데 나라에서 불교를 받아들이면서 '왕이 곧 부처'라고 널리 알렸어. 불교를 이용해서 왕을 국민들이 우러러 보게 하려 했던 거야.

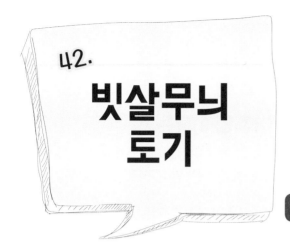

42.
빗살무늬 토기

초등 5학년 2학기 교과서 15쪽 수록

 무슨 뜻일까?

끝이 뾰족하고 비스듬하게 선 무늬를 새긴 흙으로 만든 그릇을 말해. 지금으로부터 5,000년 전쯤 북유럽과 몽골 지역에서 한반도로 전해졌어. 농사를 짓기 시작한 신석기 시대에 사용했다고 전해져.

용어 연결고리

곡식을 넣어 두거나 음식을 만드는 데 사용했어!
빗살무늬 토기는 끝이 뾰족해서 당시 사람들이 끝부분을 모래에 꽂아서 사용했다고 추정할 수 있어. 빗살무늬 토기를 통해 당시 사람들이 강가나 바닷가에서 살았다는 것을 알 수 있지. 이 무렵 사람들이 농사를 짓기 시작했는데 농사지은 조, 수수, 좁쌀 같은 곡식을 넣어 두거나 음식을 만들 때 썼던 그릇이었어.

색이 붉은 이유는? 비스듬한 선은 왜 있는 걸까?

빗살무늬 토기는 붉은 색을 띠고 있는데, 장작불로 구워서 그래. 이후에 나오는 그릇들은 흙으로 만든 가마 안에서 구워서 회색으로 보이지. 비스듬한 선은 왜 만들었는지 분명하지 않아. 생선 뼈나 조개로 선을 만들어서 식량을 많이 얻게 해달라는 뜻이라는 사람도 있고, 깨지지 않고 불에 잘 굽기 위해서 만들었다고 주장하는 사람도 있어. 또 토기의 가운데 부분을 자세히 보면 구멍이 두 개가 있는데, 왜 뚫었는지 지금도 밝혀지지 않았어.

43.

4군 6진

초등 5학년 2학기 교과서 141쪽 수록

무슨 뜻일까?

4군 6진은 세종 때 새롭게 조선의 땅이 된 압록강 상류와 두만강 지역의 땅에 외적의 침입을 막기 위한 시설이야. 4군 6진이 만들어지면서 오늘날의 한반도 지도와 같은 모양이 되었지.

용어 연결고리

세종 때 만들어진 4군 6진!

4군은 네 개의 군을 말해. 군은 땅을 작게 나누어 다스리는 단위로 오늘날에도 쓰는 말이지. 압록강 상류에 살던 여진족을 공격해서 얻은 땅에 4군에 해당하는 우예군, 여연군, 자성군, 무창군을 만들고 성을 쌓았어. 6진에서 '진'은 군인들이 살던 특별한 곳을 말해. 요새(군사적으로 외적의 침입을 막기 위한 시설)를 만들어 군인들이 항상 있었고, 우리의 땅을 지켰어. 그런 요새가 있는 여섯 개 지역을 6진이라고 불러.

여진족이 살던 지역에 조선 사람들이 살게 됐어!

유목 민족이었던 여진족은 먹을 것이 충분하지 않았어. 그렇기 때문에 주변에 농사짓는 사람들을 괴롭히고 곡식을 빼앗곤 했지. 그러자 세종은 최윤덕, 이천, 김종서 같은 인물들로 하여금 여진족을 몰아내게 했지. 그래서 이때부터 오늘날의 평안북도, 함경북도 지역에 조선 사람들이 살게 되었어.

44.

4·19혁명

초등 6학년 1학기 교과서 128쪽 수록

무슨 뜻일까?

1960년에 일어난 4·19 혁명은 시민과 학생들이 민주주의를 억압한 독재
정권에 맞서 민주주의를 지키려고 했던 사건을 말해.

용어 연결고리

4·19 혁명은 왜 일어났을까?

이승만 정부의 독재 정치가 계속되자 국민들의 불만이 높아졌어. 이러한
상황에서 이승만과 이기붕은 1960년 3월 15일에 대통령과 부통령을 뽑
는 선거에서 미리 투표를 하거나 다른 사람을 대신해서 투표하는 부정한
방법으로 당선되었지. 그래서 선거 당일 마산에서 부정선거에 반대하는
시위가 일어났던 거야. 이 시위가 전국으로 퍼진 것이 4·19 혁명이라고
할 수 있지.

초등학생들도 참여한 4·19혁명!

마산 지역에서 '김주열'이라는 고등학생이 부정선거에 반대하는 시위를 하다가 죽었어. 이 사건으로 4월 19일에 시위가 더 크게 전국적으로 일어났지. 대통령이 사는 곳까지 시위하는 사람들이 다가갔어. 그러자 경찰은 실제 총알을 쏴서 시위를 진압했지. 이때 죽은 사람이 124명이었고 부상자는 558명이나 되었어. 이때 초등학생 희생자도 6명이나 있었단다. 이렇듯 죽음의 위험 속에서도 자신의 생각을 밝힌 용감한 시민들이 있었기에 오늘날 민주주의를 지켜 내고 발전시키는 밑거름이 되었다고 할 수 있지.

45.

살수 대첩

초등 5학년 2학기 교과서 53쪽 수록

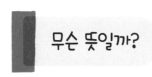

무슨 뜻일까?

612년 고구려와 수나라의 두 번째 전쟁에서 있었던 싸움이야. 살수라는 강에서 고구려 군대가 큰 승리를 거둬서 살수 대첩이라고 부르지.

용어 연결고리

수나라의 양제는 113만 대군을 이끌고 고구려를 공격했어!
고구려왕에게 인사를 받으려고 하루 종일 탁군(오늘날 베이징)의 성에서 기다리던 수나라 양제 황제는 자존심이 상했어. 고구려 왕이 끝내 안 나왔기 때문이지. 그래서 양제 황제는 아버지에 이어 두 번째로 고구려를 공격했어. 113만 명이나 되는 엄청난 군대로 고구려를 공격했지.

을지문덕의 지혜가 돋보이는 살수 대첩

고구려의 요동성을 공격하던 수나라 군대는 요동성이 여러 달 동안
이나 버티자 30만 명을 뽑아서 고구려 수도 평양을 먼저 치도록 했
어. 을지문덕은 항복의 뜻이 담긴 편지를 써서 수나라 군대를 안심하
게 했어. 수나라 군대가 돌아가려 살수를 건너려 하자 살수 상류에서
막아둔 물을 일시에 풀어 공격했어. 당시 30만 명 중 2,000명만 살
아 돌아갔다고 해.

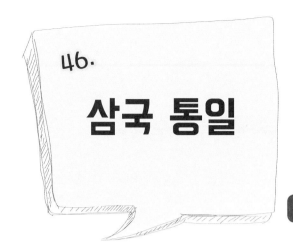

46.

삼국 통일

초등 5학년 2학기 교과서 52, 57쪽 수록

무슨 뜻일까?

신라와 당나라 군대에 의해 백제는 660년에, 고구려는 668년에 멸망했어. 이후 두 나라가 신라에 합쳐진 일을 삼국 통일이라고 불러. 신라는 한반도에서 당나라와 전쟁을 하게 되는데 676년에 당나라 군대를 몰아내고 통일을 마무리했어.

용어 연결고리

당나라를 끌어들여 백제, 고구려를 공격한 신라!
김춘추가 당나라를 같은 편으로 끌어들이는데 성공한 후, 신라는 당과 함께 백제를 먼저 공격하여 멸망시켰어. 고구려는 연개소문이 죽자 세 아들 간에 싸움이 벌어져 첫째 아들 연남생이 당나라로 건너갔어. 연남생이 당나라와 신라군에게 고구려의 비밀을 알려 줬고 고구려는 쉽게 멸망했지. 신라는 이렇게 삼국을 통일했어.

우리나라를 다스리려고 했던 당나라!

당나라의 고종은 통일된 백제, 고구려, 신라 땅을 직접 다스리려고
했어. 그러자 신라는 당나라와 전쟁을 시작했지. 그런데 이때 나라가
없어진 고구려와 백제 사람들이 신라를 도와 당나라에 맞섰어. 신라
가 당나라를 끌어들여 삼국을 통일하였지만 고구려인, 백제인, 신라
인이 당나라에 함께 맞서며 같은 민족이라는 것을 깨닫게 했던 전쟁
이었어.

47.

삼별초

초등 5학년 2학기 교과서 101쪽 수록

 무슨 뜻일까?

삼별초는 좌별초, 우별초, 신의군 이렇게 3개로 구성되어 있는 부대야. 고려가 몽골에 맞서 싸우던 시기 강화도에서 경찰 역할을 하던 사람들이 삼별초였지.

용어 연결고리

최충헌을 지키는 호위무사였던 삼별초!
무신정변 이후 나라를 실제로 다스렸던 무신들은 다른 무신에게 죽임당한 사람이 많았어. 그래서 그 뒤 나라의 권력을 잡은 최충헌은 자신을 지키는 군인들을 늘렸지. 최충헌의 아들인 최우가 나라의 경찰 역할을 하는 야별초를 처음 만들었어. 야별초에서 하나 둘씩 인원이 많아지고 부대도 커져서 좌별초, 우별초로 나뉘었고 또한 몽골의 포로가 되었다가 탈출한 병사들로 신의군을 만들어 삼별초라 했어.

몽골과의 전쟁에서 끝까지 싸웠던 삼별초

고려는 몽골 제국과 42년 동안 전쟁(1231년~1273년)을 하고 있었어. 고려왕 고종은 실제로 나라를 다스리던 무신을 몰래 죽이고 몽골에 항복했지. 이때 삼별초는 몽골에 항복은 없다면서 몽골에 맞섰어. 삼별초는 몽골에 대항하는 부대이자 무신 정권의 부하였기 때문에 개경으로 돌아갔다간 죽임을 당할 게 분명했어. 삼별초는 강화도, 진도, 제주도로 옮기며 열심히 싸웠지만, 결국 고려 정부군과 몽골군에게 지고 말았단다.

48.

3·1운동

초등 6학년 1학기 교과서 90쪽 수록

 무슨 뜻일까?

1910년 이후, 10년 간 일본의 식민통치를 받던 한국인들의 불만이 폭발했어. 1919년, 3월 1일에 우리도 독립된 나라임을 널리 알리고자 사람들이 본격적으로 나섰는데 이 시위가 바로 3·1 운동이야.

용어 연결고리

미국 대통령 윌슨의 민족 자결주의에 영향을 받았어!
제1차 세계대전이 끝나고 미국의 윌슨 대통령은 평화를 위해 '민족이 자기 민족의 운명을 스스로 정하자'는 민족 자결주의를 널리 알렸어. 민족 자결주의의 영향으로 핀란드, 헝가리 등 여러 나라들이 독립했지. 이런 윌슨의 민족 자결주의가 신문에 실리자 한국 사람들도 독립 의지를 보여줘야 한다고 생각해서 만세 운동을 준비한 거야.

3·1 운동은 도미노처럼 나라 전체로 퍼져 나갔어!

3·1 운동은 서울의 종로 탑골공원 일대에서 시작했어. 3·1 운동은 3월 1일 날 시작되었고, 일본은 한국 사람들을 힘으로 눌러 흩어지게 하려 했어. 하지만 4월 말까지 3·1 운동은 전국적으로 퍼져나갔지. 유관순은 서울에서 만세 시위를 보고 고향인 충청도 천안으로 돌아가서 만세 운동을 이끌었어.

49.

서민 문화

초등 6학년 1학기 교과서 27쪽 수록

 무슨 뜻일까?

서민 문화는 조선 후기에 서민들을 중심으로 새롭게 등장한 문화와 예술 활동을 이르는 말이야. 조선 후기에 서민층의 사회적, 경제적 지위가 향상됨에 따라 서당교육과 한글 소설, 판소리, 풍속화를 즐기는 문화가 생기게 되었지.

용어 연결고리

모내기 법으로 부유한 농민이 나타났어!
모내기 법으로 농사를 짓자 옛날보다 2배 이상 벼를 거둘 수 있었어. 먹고 남는 쌀은 시장에 내다 팔면서 부유한 농민들이 나타났지. 이들은 여유가 생기자 양반을 흉내 냈어. 양반처럼 집에 그림을 걸어 보고 글도 써 보며 자식들을 서당에 보내 신분을 높이고자 했어.

다양한 문화를 즐기게 된 서민들!

양반을 흉내 내려 했던 서민들이 집에 걸었던 그림은 대부분 누가 그렸는지 알 수 없었어. 그림의 내용은 주로 호랑이, 까치, 물고기, 꽃을 그린 민화였어. 이외에도 서민들의 생활을 그린 그림도 있었는데, 그걸 '풍속화'라고 해. 당시에는 양반이 아닌 평범한 사람들을 주인 공으로 그린 그림은 처음이었어. 또, 서민들이 쉽게 읽을 수 있는 한글로 쓴 소설도 나타났지. 요즘 연극이나 뮤지컬처럼 노래와 이야기를 함께 하는 탈춤이나 판소리도 인기가 많았단다. 소설이나 탈춤, 판소리는 평민인 서민들이 양반을 비꼬는 내용이 많았어. 평범한 사람들도 자신들을 표현하는 시대가 되었던 거야.

50.

성균관

초등 5학년 2학기 교과서 136, 146쪽 수록

무슨 뜻일까?

고려 공민왕 때 만들어진 제일 높은 교육기관이야. 요즘으로 치면 대학교이지. 조선 시대에도 성균관이라는 이름이 계속 쓰이면서 조선에서 제일 높은 교육기관을 뜻하게 됐어.

용어 연결고리

성균관은 요즘으로 치면 나라에서 만든 대학!

성균관은 학문을 공부하는 기관 중에서 최고 높은 곳이었어. 성균관 안에서 200여 명의 학생들은 같이 생활하면서 공부했지. 학생들은 유교와 관련된 책을 주로 배웠어. 또 한편으로는 1단계 과거 시험인 소과에 붙은 사람들이 모여 2단계 과거 시험인 대과를 준비하는 곳이기도 했어.

밥을 많이 먹어야 볼 수 있었던 과거 시험?

성균관에서 300일 동안 공부를 해야 최종 과거 시험을 볼 수 있었어. 300일 동안 공부를 했는지 어떻게 알았냐고? 밥그릇에 아침 식사와 저녁 식사를 모두 한 학생에게 점을 1개씩 찍어 줬다고 해. 이 점이 300개가 모이면 과거시험을 볼 수 있었어. 그런데 학생들이 300개의 점을 모으는 것을 힘들어 하자 나중에는 70개로 줄여 줬다고 해.

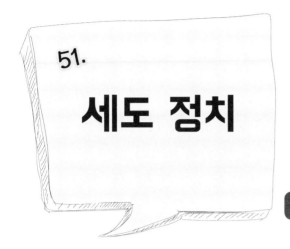

51.

세도 정치

초등 6학년 1학기 교과서 41쪽 수록

 무슨 뜻일까?

조선 22대 왕이었던 정조가 죽자, 1800년에 11살이었던 순조가 어린 나이로 왕위에 올랐어. 그러자 왕의 장인과 외가 가문이 어린 왕을 대신해 권력을 잡았지. 이렇듯 19세기에 왕실의 외척 가문을 중심으로 나라의 중요한 일을 정하는 정치를 세도 정치라고 말해.

용어 연결고리

순조는 11살의 나이로 왕이 되었어!

너무 어린 나이에 왕이 된 순조는 나라를 다스릴 수 없었어. 그러자 증조 할아버지인 영조의 왕비인 정순왕후가 순조 대신 나라를 다스렸지. 정순 왕후는 안동 김씨 가문이었는데, 이때부터 '안동 김씨 가문'에만 이로운 정치를 하기 시작했어.

관직을 사고파는 일도 일어났어

세도 정치의 가장 나쁜 점은 나라의 일을 보는 공무원 자리인 관직을 사고팔았다는 점이야. 안동 김씨 가문에 돈을 주고 어느 고을의 수령 자리를 사는 일이 당시에는 흔했지. 그렇게 온 수령들은 농민들에게 세금을 부당하게 많이 걷었어. 이러한 부당한 일들 때문에 농민들이 들고 일어나는 일이 많았어.

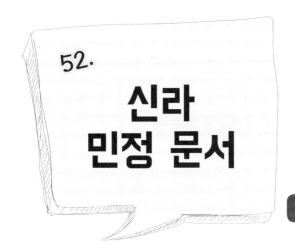

52.

신라 민정 문서

초등 5학년 2학기 교과서 65쪽 수록

무슨 뜻일까?

신라 시대 때 마을별로 남자, 여자, 집과 나무, 말과 소의 숫자, 땅의 넓이를 살펴보고 기록한 문서를 말해. 각 마을의 촌장(마을의 우두머리)이 적어서 나라에 알렸다고 해.

용어 연결고리

마을에 대해 꼼꼼히 썼던 신라 민정 문서!

신라 민정 문서에는 나이별로 남녀가 몇 명 있는지, 잣나무, 뽕나무는 몇 그루 있는지까지도 자세히 기록했지. 이렇게 꼼꼼히 쓴 이유는 나라의 살림에 쓰일 사람의 노동력과 세금을 잘 걷기 위해 써넣었다고 해.

일본에 있었던 신라 민정 문서!

신라 민정 문서는 일본에서 처음 발견되었어. 왜 신라 문서가 일본에 있었을까? 일본 왕의 보물창고가 있는데, 그 보물창고에는 신라에서 1,000년 전에 보낸 숟가락이 있었다고 해. 그 숟가락을 포장했던 포장지가 바로 신라 민정 문서였어. 포장지를 우연히 살피다가 신라에 대해 중요한 내용을 담고 있는 것 같아 사진으로 찍고 다시 숟가락을 싸서 보물창고에 넣어 두었지. 이렇게 우연히 신라 민정 문서가 알려지게 된 거야.

53.
신문왕의 왕권 강화

초등 5학년 2학기 교과서 60쪽 수록

무슨 뜻일까?

신문왕은 신라의 삼국 통일에 크게 공헌한 무열왕의 손자이자 문무왕의 아들이야. 신문왕이 귀족을 누르고 왕의 힘을 강하게 하려고 여러 가지 방안을 썼는데, 이것을 신문왕의 왕권 강화라고 하지.

용어 연결고리

같은 귀족 출신인 김춘추가 왕이 되다

김춘추는 귀족 중의 한명이었어. 그런데 선덕 여왕과 진덕 여왕이 죽자 스스로 왕위에 올라 무열왕이 됐지. 다른 귀족들은 자신들과 신분이 같았던 김춘추가 왕이 되자 만만하게 여겼어. 신문왕 때는 김흠돌 같은 귀족이 왕이 되려고 군사를 일으키려 했지. 그러자 신문왕은 이를 물리치고 왕의 힘을 강하게 만들어야겠다고 다짐했어.

귀족의 라이벌을 키우려 했던 신문왕!

'만 가지 파도를 잠재우는 피리'라는 뜻을 가진 만파식적 설화가 있는데, 이 설화에서 신문왕은 죽어서도 설화처럼 힘세고 멋진 왕이 되어 온갖 걱정거리를 없애고 싶었어. 그래서 귀족을 누를 수 있는 세력을 키웠지. 6두품이라는 귀족보다 밑에 있는 관리들을 이용해 귀족과 맞서게 하려 했어. 또 '국학'이라는 학교를 만들어 임금에게 충성하는 사람을 키우려 했지. 김흠돌 같은 귀족이 왕이 되려고 들고 일어나는 일을 없애기 위해서 교육시킨 거야.

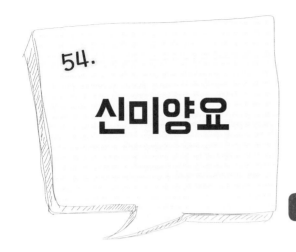

54.

신미양요

초등 6학년 1학기 교과서 57쪽 수록

무슨 뜻일까?

신미년인 1871년에 미국 군대가 조선에 쳐들어 온 사건을 말해. 1866년에 조선 군대는 대동강에 진입한 제너럴셔먼호를 불태웠어. 이 사건을 빌미로 미국은 나라들 사이에 서로 물건을 사고팔수 있는 통상을 요구하면서 강화도를 공격했는데, 조선 군대는 이를 막아 냈지.

용어 연결고리

제너럴셔먼호는 왜 우리나라에 들어왔을까?

1866년에 제너럴셔먼호라는 배가 대동강으로 들어왔어. 제너럴셔먼호를 타고 온 미국인들은 금, 은, 인삼을 달라며 조선인을 붙잡았어. 그러자 평양 사람들이 제너럴셔먼호를 공격해서 배에 있던 미국인 24명을 죽인 일이 생겼는데, 이것이 제너럴셔먼호 사건이야. 이를 계기로 미국은 조선의 사과를 받고자 강화도를 공격했고 이것이 바로 신미양요야.

신미양요에서 미국은 얻은 것 없이 돌아갔어!

미국군 1,200명이 강화도를 쳐들어오자 조선의 어재연 장군은 강화도의 광성보에서 힘껏 맞서 싸웠어. 끝내 조선군 350명이 목숨을 잃었고 싸움에서도 지고 말았지. 하지만 흥선 대원군은 미국이 바라는 사과를 하고 싶지 않았어. 미국에 나라를 열어 교역을 할 생각도 없었지. 결국 미국은 싸움에서는 이겼지만 얻은 것 없이 돌아갔어. 이후 흥선 대원군은 서양을 서쪽에서 온 오랑캐라고 하며 유럽과 미국 등의 나라들과 계속 싸워야 한다고 주장했어. 또 그런 생각들을 돌에 적어 나라 곳곳에 세웠는데 그게 바로 척화비야.

55.

신민회

초등 6학년 1학기 교과서 83쪽 수록

무슨 뜻일까?

신민회는 1907년에 보다 많은 사람들이 정치에 참여하는 기회를 주기 위해 만든 단체야. 새로운 시대를 사는 사람들이 모였다는 의미로 신민회라고 지었지. 신민회는 일본의 지배를 받지 않는 나라를 만들기 위해 활동하였어.

용어 연결고리

을사늑약이 체결되고 나서 신민회가 만들어졌어!

을사늑약은 1905년에 우리나라의 외교권(다른 나라와 관계를 맺는 힘)을 일본이 강제로 가져간 사건이야. 이 늑약에 고종은 도장을 찍지도 않았는데, 신하들 5명이 마음대로 도장을 찍어 버렸지. 그래서 나라 안에 을사늑약을 반대하는 움직임이 일어났어. 이때 신민회는 사람들을 교육하고 회사도 만들고 군대를 키우는 등 나라의 힘을 길러 일본에 맞서려 했지.

105인 사건으로 신민회는 흩어졌어!

안중근의 사촌인 안명근이 독립운동에 쓸 돈을 모으다가 일본 경찰에 잡혔어. 안명근은 신민회에 속한 사람은 아니었지만, 일본은 안명근과 연결 지어 신민회 사람들을 잡아들였어. 이 사건이 안악사건이라고 해. 이후에도 일본 경찰은 신민회 사람들을 105명이나 잡아들였는데, 조선을 다스리는 최고 위치에 있었던 데라우치 총독을 신민회가 죽이려 했다면서 일을 뒤집어씌웠어. 이게 105인 사건이야. 이 사건으로 신민회는 더 이상 활동하지 못했지.

56. 신진 사대부

초등 5학년 2학기 교과서 127쪽 수록

 무슨 뜻일까?

사대부에서 '사'는 공부하는 선비를 뜻하고 '대부'는 높은 관직을 말해. '신진'은 새롭게 나타났다는 거야. 즉, 신진 사대부는 고려 말 무렵 등장한 선비이자 관리를 말해.

용어 연결고리

권문세족을 누르기 위해 키운 신진 사대부!
공민왕이 권문세족이라는 귀족을 누르기 위해 성균관을 만들었어. 여기서 공부한 사람들이 신진 사대부들이야. 큰 농장을 차지하고 평민들을 노비로 만들었던 권문세족의 힘을 약화시키기 위해 공민왕은 농장을 뺏고 노비를 풀어 주는 개혁을 했지. 이 개혁을 함께 하기 위해 신진 사대부를 키운 거야.

급진파 사대부와 온건파 사대부는 무엇이 다를까?

신진 사대부는 새로운 나라를 세우자는 급진파 사대부와 고려를 지키자는 온건파 사대부로 나뉘었어. 급진파 사대부의 우두머리는 정도전, 온건파 사대부의 우두머리는 정몽주였지. 정몽주는 이성계의 아들인 이방원과 시를 주고받았어. 이방원이 '이런들 어떠하리, 저런들 어떠하리'라며 새나라 세우는데 정몽주를 끌어들이려 했지만, 정몽주는 '임 향한 일편단심이야 가실 줄이 있으랴'라고 말하며 고려를 지키겠다고 했지. 이때 '임'은 '고려'를 뜻해. 결국 정몽주는 선죽교에서 이방원이 보낸 사람에게 목숨을 잃었지. 이후 '조선'이라는 이름으로 새 나라가 세워졌어.

57.

실학

초등 6학년 1학기 교과서 17, 22, 46쪽 수록

무슨 뜻일까?

조선의 사회 문제를 해결하고자 했던 실제 생활에 쓸모 있는 실용적인 학문을 실학이라고 불러. 실학을 생각하고 책으로 쓴 사람들을 실학자라고 해.

용어 연결고리

조선의 문제를 해결하려고 했던 실학!

모내기법이 널리 퍼지게 되자 땅이 있는 사람은 더 부자가 되고 땅이 없는 사람은 더 가난해졌어. 일손이 적게 드는 모내기법으로 농사를 짓자 땅 주인들이 다른 사람들에게 빌려주던 땅을 직접 농사지었기 때문이었어. 그 결과 빈부격차도 심해졌지. 이를 해결하려 사람들이 해결 방안을 내놓았는데 이러한 생각들을 정리한 학문이 실학이야.

실학자들의 문제 해결 방안은?

실학자들마다 해결 방안이 달랐어. 박지원은 물건을 사고파는 상업 활동을 더 활발하게 해야 한다고 생각했지. 또 유형원은 나라의 땅을 모든 사람들에게 나눠 줘야 한다고 주장했고, 이익은 사람마다 가질 수 있는 땅 넓이를 정하자고 했어. 정약용은 마을별로 농사를 짓자고 했지. 하지만 아쉽게도 이러한 방안은 실제로 이루어지지 못했어.

58.
아라비아 상인

초등 5학년 2학기 교과서 93쪽 수록

무슨 뜻일까?

아라비아 반도에서 온 물건을 사고파는 일을 하는 상인을 말해. 이들의 종교가 이슬람교라서 이슬람 상인이라고도 부르지. 아라비아 상인들은 주로 아프리카 북부, 유럽, 아시아에서 활동하였고 고려 시대에는 한반도에 자주 찾아왔어.

용어 연결고리

여러 나라 상인들로 북적댔던 벽란도!

고려 수도인 개경 근처의 예성강 하류에는 '벽란도'라는 항구가 있었어. 이곳에는 여러 나라 사람들이 다녀갔지. 특히 고려의 인삼, 금, 은, 종이, 나전 칠기, 화문석은 인기가 좋아 다른 나라 사람들이 사갔어.

아라비아 상인 덕분에 알려진 코리아 Corea!

우리나라의 영어식 이름이 '코리아'인거 알지? 코리아는 바로 '고려'를 다른 나라 사람들이 부른 거야. 고려에 다녀간 아라비아 상인들이 고려를 '코레', '코리아'라고 불렀던 거지. 고려, 코레, 코리아 발음이 비슷하지?

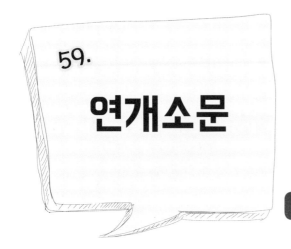

59.

연개소문

초등 5학년 2학기 교과서 56쪽 수록

무슨 뜻일까?

연개소문은 고구려의 장군이자 권력을 가졌던 사람이야. 646년에 연개소문은 군대를 일으켜 영류왕을 죽이고 보장왕을 세웠지. 그 뒤 고구려를 실질적으로 통치했단다.

용어 연결고리!

당나라와 친하게 지내려한 영류왕!

고구려는 수나라와 오래도록 전쟁을 해서 지친 상태였어. 그래서 영류왕은 수나라가 망한 후 세워진 당나라와 사이좋게 지내려고 했지. 그런 영류왕이 연개소문은 마음에 들지 않았어. 연개소문은 축하식을 하는 척하며 귀족과 영류왕을 불러다 놓고 영류왕을 죽였어. 그리고 영류왕의 조카를 새로운 왕으로 세우고 자신이 권력을 차지했어.

중국의 연극에 나오는 연개소문

중국의 경극이라는 연극에 연개소문이 등장해. 연개소문은 고구려 사람인데 왜 중국 연극에 나올까? 연개소문이 고구려를 다스리는 동안 당나라는 고구려를 여러 번 공격했지만, 연개소문이 살아있을 때 고구려는 단 한 번도 당나라에 지지 않았지. 그때부터 중국 사람들은 연개소문을 정말 무서운 사람으로 생각하게 됐어. 그래서 중국 경극에는 칼을 5개나 찬 무서운 장군으로 연개소문이 나오는 거야.

60.
연맹 왕국

초등 5학년 2학기 교과서 41쪽 수록

 무슨 뜻일까?

연맹 왕국은 서로 다른 족장이 다스리는 마을들을 합쳐서 만든 나라야. 가장 힘센 마을의 족장을 왕으로 뽑았어.

용어 연결고리!

철을 무기로 쓰면서 전쟁이 커졌어!

사람들은 철을 녹이는 방법을 알게 된 후부터 철을 무기나 농기구로 썼어. 철로 만든 창과 칼은 이전의 무기보다 날카롭고 단단했지. 그래서 예전보다 전쟁은 더 커지고 오랜 기간 계속되었어. 전쟁을 대비하기 위해 언어나 민족이 비슷한 주변 마을들이 서로 합치면서 연맹이 생긴 거야.

건국 이야기 속에 나오는 연맹 왕국!

고구려의 건국 이야기를 보면 연맹 왕국이 있었다는 걸 알 수 있어. 주몽은 부여에서 친구들인 오이, 마리, 협보 그리고 후에 부인이 되는 소서노와 함께 도망쳐 나와서 나라를 세웠지. 오이, 마리, 협보, 소서노, 주몽은 마을의 족장들이야. 이 중 주몽이 가장 힘센 족장이어서 왕이 되었고 소서노도 왕비가 되었지. 신라도 6개의 마을이 모여 나라를 세웠다는 이야기가 전해져. 이것도 여섯 마을의 족장이 합쳐서 만든 연맹 왕국을 뜻해.

61.

5 · 10 총선거

초등 6학년 1학기 교과서 117쪽 수록

 무슨 뜻일까?

1948년, 5월 10일에 우리나라 최초로 실시된 국회의원 선거를 말해. 각 지역별로 국회의원을 투표로 뽑았어. 이후에 총 200명의 국회의원들이 헌법을 만들었고, 이승만을 대통령으로 정했지.

용어 연결고리

대한민국이 건국되었어!
국제 연합(UN)총회(전체회의)에서는 선거를 통해 한국 정부를 만들자고 정했어. 이후 국제 연합 대표단이 우리나라를 방문했지. 그런데 북측은 이들의 방문을 거절했어. 그래서 국제 연합에서는 남쪽만이라도 선거를 하자고 다시 정했어. 결국 5·10 총선거는 남쪽에서만 치러지게 되었고, 이 선거로 대한민국이 세워졌지.

김구는 참여하지 않은 선거!

김구와 대한민국 임시 정부의 독립 운동가들은 선거에 후보로 나오지 않았어. 김구는 이 선거가 남쪽만의 정부를 만드는 일이라며 반대했지. 그래서 이시영, 신익희 등 일부 독립 운동가들만 이 선거에 참여했어.

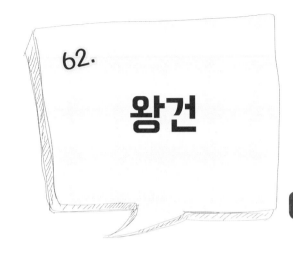

62. 왕건

초등 5학년 2학기 교과서 82, 85쪽 수록

 무슨 뜻일까?

왕건은 고려를 세운 사람이야. 수도인 개경 부근인 송악에서 세력을 키웠던 인물이었지. 이후 후고구려를 세운 궁예를 쫓아내고, 918년에 고려를 세워 제1대 왕인 태조가 되었어.

용어 연결고리

폭력적인 궁예를 몰아낸 왕건!
궁예는 후고구려를 세우고 왕권을 강화하기 위해 자신을 살아 있는 미륵(불교에서 믿는 부처)이라고 불렀어. 그러나 궁예는 '관심법'으로 다른 사람의 속마음을 읽을 수 있다며 가족은 물론, 마음에 들지 않은 신하들을 끔찍한 방법으로 죽였지. 궁예의 횡포를 견딜 수 없었던 사람들은 왕건에게 궁예를 몰아내달라고 청했고, 결국 궁예는 임금의 자리에서 쫓겨나게 되었지.

신라에게 잘해 준 왕건!

모든 사람들은 신라가 나라를 잘 다스리지 못해서 나라가 혼란스러운 것이라고 생각했어. 하지만 왕건만은 신라에게 잘 대해 줬지. 후백제가 신라를 공격했을 때, 왕건은 신라를 도우러 군대를 보내기도 했어. 신라 경순왕은 이 때문에 왕건에게 신라 땅을 바쳤어. 왕건은 견훤에게도 잘 해 줬어. 후백제를 세워 신라에 맞섰던 견훤이 아들에게 쫓겨나자 도망쳐 온 견훤도 돌봐 주었지. 그러자 견훤은 후백제를 공격하는 쉬운 방안을 왕건에게 알려 줬어. 견훤의 도움으로 고려는 후백제와의 전쟁에서도 이겼고, 이후 후백제, 신라, 고려로 나누어져 있었던 나라를 통일했지.

63.

왜구

초등 5학년 2학기 교과서 140쪽 수록

무슨 뜻일까?

왜(倭)는 '왜나라'와 '일본'이라는 뜻을 가진 한자어야. 키가 작은 왜소한 사람이라는 의미가 있는데, 일본을 얕잡아 부르는 말이기도 해. '왜구'라고 하면 일본에서 온 도적들을 뜻한단다.

용어 연결고리

일본이 혼란한 틈을 타 나타난 왜구!

일본의 장군(일본어로 '쇼군'이라고 함)은 왕을 허수아비로 두고 직접 나라를 다스렸어. 일본의 '아시카가 요시마사'라는 사람이 장군으로 있을 때였어. 그 다음 장군 자리를 아시카가 요시마사의 동생이 되느냐 아들이 되느냐 문제로 나라 전체가 싸우는데 바빴지. 이 틈을 타 지방 무사와 상인들이 중국과 조선을 공격하기 시작했는데, 이들이 왜구가 되어 물건을 빼앗고 사람들을 잡아갔지.

왜구는 우리나라에 수백 차례나 왔어!

고려의 우왕은 14년간 나라를 다스렸는데 378회나 왜구가 왔어. 이 왜구들을 막아 낸 사람들이 바로 최영, 이성계, 최무선 같은 고려의 장군들이었어. 최무선은 화약을 재료로 화포를 만들었어. 1380년에 화포로 왜구가 쳐들어오자 배 500척을 불에 태우기도 했지. 이들은 왜구를 막아 내며 고려 왕조 끝 무렵에 큰 세력으로 자랐고, 이후 신흥 무인 세력이 되었어.

64.

요동 지방

초등 5학년 2학기 교과서 39쪽 수록

무슨 뜻일까?

요동 지방은 요하(랴오허)라는 강의 동쪽 땅을 말해. 요동 반도라고도 불러. 중국과 우리나라 사이에 불룩 튀어나와 있는 곳이 요동 지방이야.

용어 연결고리

고구려가 다스렸던 요동 지방!

요동 지방은 지금은 중국 땅이지만 1500년 전에는 고구려가 다스리던 땅이었어. 요동 지방을 두고 여러 나라가 공격해 왔지만 고구려는 강대국이었던 수나라와 당나라도 물리쳐서 요동 지방을 잘 지켰지. 신라가 삼국을 통일하며 당나라에 요동 지방을 넘겨 준 이후 쭉 중국 땅이 되었어.

중국의 황제들이 노렸던 요동 지방!

수나라의 양제 황제와 당나라의 태종 황제도 고구려를 공격하면서
요동성을 제일 먼저 공격했어. 요동성이 고구려로 들어오는 출입문
같은 곳이었기 때문이었지. 하지만 고구려는 성벽을 높게 잘 지었기
때문에 성을 점령하기 쉽지 않았어. 요하 강 하류는 늪이 있었는데,
645년에 당나라 태종 황제가 전쟁 끝에 군대를 돌렸을 때 이 늪에서
수 십 만 명의 군대를 잃었다고 해. 이런 자연환경도 고구려가 요동
을 지키는 데 한몫했어.

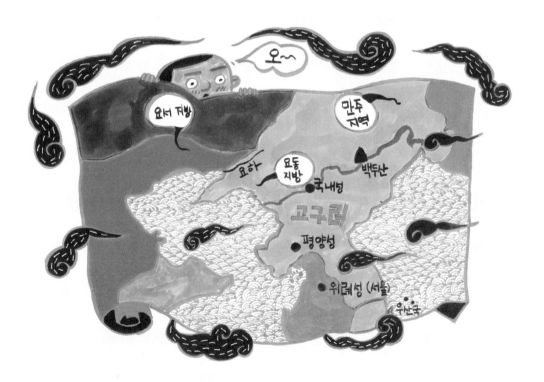

65.
요서 지방

초등 5학년 2학기 교과서 38쪽 수록

무슨 뜻일까?

요서 지방은 요하(랴오허)라는 강의 서쪽 땅을 말해. 중국이 다스리던 땅이었지만 백제의 4세기 백제 근초고왕 때는 백제가 이곳의 일부를 차지했어.

용어 연결고리

요서 지방은 중국과 우리나라가 자주 다투던 곳이었어!
고구려의 태조왕은 요서 지방의 일부를 빼앗아 10개의 성을 지었어. 백제의 근초고왕도 요서 지방을 잠시 다스렸지. 이후 고구려의 광개토 대왕, 영양왕도 요서 지방을 차지하기 위해 공격했단다.

근초고왕이 요서 지방을 다스린 건 사실일까?

요서 지방은 중국이 다스리기도 했지만, 백제 근초고왕 때 백제의 군대가 가서 다스렸어. 그런데 이게 사실일까? 중국의 양나라 역사책에는 백제가 다스렸다고 나와. 백제는 '북제'라는 나라를 공격해서 요서를 빼앗았어. 양나라와 북제는 라이벌 관계였지. 북제는 자신들 역사책에 요서를 뺏긴 사실이 창피해서 쓰지 않았지만, 양나라는 좋아하며 적극적으로 쓴 것 같아.

66.

원효

초등 5학년 2학기 교과서 67쪽 수록

무슨 뜻일까?

원효는 불교의 가르침을 배우는 신라의 승려였어. 당시 불교는 귀족들만 믿었던 종교였는데, 원효가 평민들에게도 불교의 가르침을 알려 주었지.

용어 연결고리

나무아미타불 관세음보살을 읊던 원효!

신라 법흥왕 때 불교가 처음 들어왔어. 당시 불교는 주로 귀족들이 믿었단다. 불교를 공부하려면 한자로 된 어려운 책을 읽어야 한다고 생각했지. 그런데 원효는 '나무아미타불 관세음보살(인도말로 아미타 부처님과 관세음보살님에게 돌아갑니다)'만 읊으면 누구든 부처님의 제자라고 했어. 그래서 신라의 평민들도 원효를 따라 나무아미타불 관세음보살을 외쳤어.

해골물을 꿀꺽꿀꺽 마셨던 원효!

원효는 친한 승려 의상과 함께 당나라로 유학을 가려고 했어. 두 승려는 당나라로 가던 중에 동굴에서 하룻밤을 묵게 되었지. 이때 원효는 자다가 목이 말라 물을 찾았단다. 어둠 속에서 물이 담긴 바가지를 찾게 된 원효는 시원하게 마셨어. 그런데 아침에 일어나 보니 바가지가 아니라 해골에 고인 물이었던 거야. 원효는 토악질을 하며 깨달음을 얻었어. '모든 일은 마음에 달려 있다'라는 거였지. 그래서 유학을 가지 않고 이 깨달음을 신라 사람들에게 전하기로 한 거야.

67.
위화도 회군

 무슨 뜻일까?

고려의 장군이던 이성계는 1388년에 명나라를 공격하기 위해 군대를 이끌고 갔어. 이때 압록강의 위화도라는 섬에 고려 군대를 머무르게 했지. 그러다 군대의 방향을 바꿔 다시 고려 수도인 개경으로 돌아왔는데, 이 사건을 위화도 회군이라고 불러.

용어 연결고리

이성계가 위화도에서 회군한 까닭은?

명나라가 자꾸 고려에게 철령 이북의 땅을 달라고 하자, 최영은 먼저 명나라를 공격하자고 했어. 이성계는 반대했지만, 최영의 뜻대로 이성계는 5만의 군사를 이끌고 명나라에 가게 됐어. 이성계는 힘이 센 명나라를 공격했다가는 고려가 질 수 있다고 생각했어. 그래서 명나라와 전쟁 중에 왜구가 침략할 수 있다고 판단하여 개경으로 돌아온 거야.

고려를 다스리게 된 이성계

개경에서 위화도까지 가는데 19일이 걸렸는데, 돌아오는 기간은 9일밖에 안 걸렸어. 군사를 끌고 돌아온 이성계는 최영을 잡아서 멀리 보내고 왕도 바꿔 버렸지. 또 신진 사대부에게 인기를 얻고자 귀족의 땅을 빼앗아 나눠 주며 세력을 얻게 되었단다.

68.
유교,
성리학

초등 5학년 2학기 교과서 134, 147쪽 수록

무슨 뜻일까?

유교는 중국의 공자(기원전 551년~479년)가 만든 학문을 말해. 성리학은
중국 송나라 사람인 주희가 유교를 공부하는 방법을 새롭게 정리한 거야.

용어 연결고리

춘추 전국 시대라는 혼란한 시대를 평화롭게 만들려 했던 공자!
춘추 전국 시대(기원전 770년~221년)는 굉장히 혼란스러운 시대였어. 아
들이 아버지를 죽이고, 동생이 형을 죽이며 그 자리를 차지하는 일이 많
았지. 공자는 해결책을 곰곰이 생각했어. 사람들이 도덕성을 갖고 자기
위치에 만족하고 모든 사람들이 서로를 가족을 대하듯이 한다면 해결될
거라 생각했지. 공자의 이러한 생각이 유교의 시작이 되었어.

유교의 수준을 한 단계 올린 주희!

주희는 유교가 가진 단점을 채우려고 애썼어. 유교는 사람이 태어나거나 죽는 것, 세상의 모든 것이 어떻게 만들어져 있는지에 대해서는 답할 수 없었어. 주희는 우주와 모든 것은 이(눈에 보이지 않는 법칙)와 기(눈에 보이는 물질과 물건의 본바탕)로 만들어진다고 생각했어. 이러한 생각을 바탕으로 주희가 정리한 새로운 유교를 성리학이라고 해.

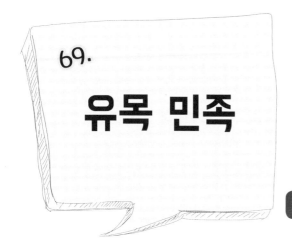

69.

유목 민족

초등 5학년 2학기 교과서 91쪽 수록

 무슨 뜻일까?

유목 민족은 소, 양, 말 등과 같은 가축을 키우며 이동 생활하는 사람들을 말해. 이들은 이동하기 쉽게 천막에서 생활했어. 농사를 짓기 어려운 자연환경의 사람들이 동물을 키우며 필요한 물품을 얻었던 거야.

용어 연결고리

날씨가 따뜻해지자 사람들은 농사를 지었어!

1만 년 전 지구의 온도가 오르자 사람들은 농사를 시작했어. 그런데 어떤 지역은 풀이 자랄 수 있지만 온도가 낮아서 농사는 지을 수 없었지. 이런 환경에 사는 사람들은 주로 소, 양, 말을 키우며 우유, 고기, 가죽 등을 얻으며 살았지. 그런데 이들이 한 곳에 있으면 동물들이 풀을 다 먹어버리기 때문에 계절별로 사는 곳을 바꿔야만 했어.

날씨에 영향을 받는 유목 민족!

대표적인 유목 민족은 중국의 북쪽에 사는 거란족, 여진족, 몽골족 등이 있어. 중국 사람들은 농사를 짓는 사람들이었어. 평소에는 중국 사람들과 유목 민족은 사이좋게 지냈지만, 날씨가 추워지면 관계가 달라졌어. 날씨가 추워져서 풀이 덜 자라고 키우는 동물들이 굶어 죽게 되면 유목 민족들은 중국을 쳐들어와서 식량을 가져갔거든. 중국뿐만 아니라 고려도 공격했지. 나중에는 중국 땅에 들어와 나라를 세우기도 했어.

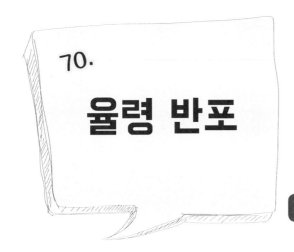

70.

율령 반포

초등 5학년 2학기 교과서 39쪽 수록

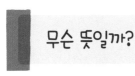

무슨 뜻일까?

왕이 나라를 다스리기 위해 국민이 마땅히 지켜야 하는 기준인 법을 만들었는데, 그게 바로 율령이야. 반포는 '널리 알린다'는 의미지.

용어 연결고리

왕이 사람들을 직접 다스리기 위해 만든 율령!

율령이란 '율령격식'을 줄인 말이야. 죄를 지은 사람에게 벌주는 법인 '율', 나라가 국민을 다스리는 법인 '령', 율령을 바꾸는 왕의 말을 '격', 법의 내용을 자세히 써놓은 것이 '식'이야. 각 마을의 족장이 마을 사람들을 다스리다가 왕이 직접 다스리게 되면서 마을별로 서로 다르던 법을 하나로 만든 것이 율령이야.

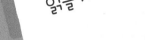

율령을 만들고 훨씬 잘 나가게 된 삼국!

율령은 7세기 당나라에서 계승하여 각 나라에 맞게 바꿔서 썼어. 백제는 고이왕, 고구려는 소수림왕, 신라는 법흥왕 때 율령을 만들었지. 모두 율령을 만들고 나서 땅도 넓어지고 나라도 더 강해졌어. 율령으로 인해 왕의 말이 나라 곳곳에 잘 전해졌기 때문이었지.

71.

은병

초등 5학년 2학기 교과서 94쪽 수록

무슨 뜻일까?

은병은 1101년 고려 숙종 때부터 쓰던 돈이야. 은으로 만든 호리병 모양을 하고 있지. 다른 말로 병의 입구가 넓어서 한자로 넓을 활(闊), 입 구(口)를 써서 활구라고도 불렸어.

용어 연결고리

돈을 쓰게 하려 했던 고려의 숙종!

고려 사람들은 시장에서 물건을 살 때, 돈 대신 다른 물건을 가져가서 바꿨어. 고려 15대 임금이었던 숙종은 사람들이 돈을 사용하게 하고 상업을 키우기 위해 은병을 만들었지. 한반도의 모양을 본떠 호리병처럼 생긴 돈을 만들게 했단다. 은병은 은 1근(600그램)으로 만들었고 고려에서 단위가 큰돈이었지.

너무 비싼 돈이었던 은병!

은병 하나로 살 수 있던 쌀은 10석(1,440킬로그램)이었어. 가게에서 포대로 파는 쌀이 20킬로그램이니까 어마어마한 양인 것을 알 수 있지. 너무 큰돈이어서 고려 사람들은 은병을 쓰지 않았어. 오늘날 쌀값을 기준으로 계산해 보면 300만 원 짜리 돈이야. 그래서 결국 숙종도 '해동통보'라는 작은 동전을 만들어서 은병 대신 쓰게 했지.

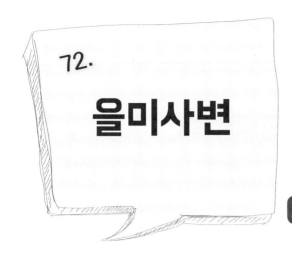

72.

을미사변

초등 6학년 1학기 교과서 67쪽 수록

 무슨 뜻일까?

1895년, 을미년에 일어난 사건으로, 명성황후가 일본의 자객(사람을 몰래 죽이는 일을 하는 사람)에게 죽임을 당한 사건을 말해.

용어 연결고리

다른 나라를 이용해 독립을 유지하려고 했던 명성황후!

청과 일본은 조선을 누가 다스리느냐를 두고 우리 땅에서 전쟁을 했는데, 이를 청일 전쟁이라고 해. 당시 조선은 오랜 쇄국 정책(다른 나라와의 교류를 금지하는 정책)으로 인해 힘이 없는 데다가, 나라의 국력도 약해진 상태였어. 청일 전쟁에서 일본이 이기자 우리나라는 일본에게 나라를 빼앗길 처지가 되었지. 그러자 명성황후는 러시아를 끌어들여 일본을 억누르려고 했어. 일본은 조선이 곧 자신들의 식민지가 된다고 여겼는데, 명성황후 때문에 일이 그르칠까봐 명성황후를 죽인거지.

154

명성황후의 시체도 찾을 수 없었어

일본인들은 밤중에 건청궁의 옥호루에서 명성황후와 궁녀들을 무참히 죽였어. 그리고 명성황후의 시체에 석유를 뿌리고 불을 질러 찾을 수 없게 만들었지. 일본은 끔찍한 일을 저질렀지만 이 사건을 발뺌하고 모른 척 했어. 하지만 경복궁 안에서 사건을 본 미국 군인인 다이와 러시아 건축가인 사바틴이 있어서 일본이 저지른 일이라는 것이 알려졌지.

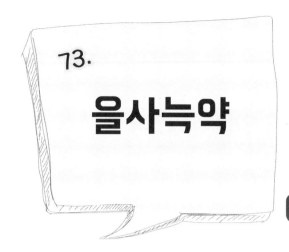

73.

을사늑약

초등 6학년 1학기 교과서 77쪽 수록

무슨 뜻일까?

1905년, 을사년에 맺어진 일본에 의해 강제로 맺은 조약을 말해. 억지로 맺은 '조약'을 '늑약'이라고 부르지.

용어 연결고리

을사늑약을 강요한 일본

일본은 맞수였던 청과 러시아와 치룬 전쟁에서 승리했어. 그 뒤 힘 있는 다른 나라들에게서 조선을 다스리는 것을 허락받았지. 이러한 상황에서 체결된 을사늑약은 우리나라가 외교를 할 때 일본이 이를 대신한다는 내용이야. 일본은 우리나라를 외교적인 방법으로 식민지로 만들었던 거지.

부당하게 이루어졌던 을사늑약 조약!

나라 사이의 조약은 서로 스스로 행해야 하고, 나라의 주인이 받아들여야지만 제대로 이루어진 것으로 봐. 그런데 을사늑약은 일본이 군대를 이끌고 쳐들어와서 억지로 맺은 조약이었고, 나라의 주인인 대한제국 국민들과 고종 황제도 원하지 않는 조약이었어. 그래서 을사늑약은 없던 일이라고 주장하는 사람이 여럿 있었지. 을사늑약이 없던 일이라면 그 후 일본이 대한제국을 대신해 다른 나라와 맺은 조약, 대한제국을 식민지로 만들었던 조약들이 없었던 일이 된다고 해.

74.

음서제

초등 5학년 2학기 교과서 89쪽 수록

 무슨 뜻일까?

고려에서 관리가 되는 방법 중 하나인데, 한자로 보면 '조상의 음덕 음(蔭), 베풀다 서(敍), 제도 제(制)'야. 즉, '조상이 음덕을 베푸는 제도'라는 뜻이지. 아버지나 할아버지가 높은 관리이면 가까운 남자 가족 1명은 시험을 보지 않아도 나라의 관리가 되는 거야.

용어 연결고리

지방 호족을 누르면서도 대접해 주었던 고려 임금!

고려의 임금들은 호족을 억누르면서도 한편으로는 양보하며 함께 나라를 다스리려고 했어. 광종은 관리를 시험으로 뽑는 과거제를 시작해서 호족이 관리가 되는 것을 줄였지. 하지만 그 다음 임금인 성종이 호족의 불만을 받아들여 음서제를 만들었어. 과거제로 관리를 뽑고 일부 호족은 음서제로 관리가 될 수 있게 한 거야.

권력을 대대로 물려받는 고려의 귀족!

고려는 시험으로 뽑는 과거제와 음서제로 관리가 될 수 있었어. 음서제는 시험 없이 가족 덕에 똑똑하지 않아도 관리가 될 수 있었지. 제일 높은 위치인 재상도 음서제로 관리가 된 사람이 오를 수 있었어. 9살에 음서제로 관리가 된 사람도 있었지. 이렇게 한번 높은 관리가 되면 가문 대대로 높은 관리가 될 수 있었어. 그래서 나중에 이들은 대대로 관직에 오르는 귀족 가문이라는 뜻을 가진 '문벌귀족'이라고 불렀어.

75.

의병

초등 6학년 1학기 교과서 164쪽 수록

무슨 뜻일까?

의병의 한자 뜻은 '전쟁에서 싸우는 의로운 병사'라는 뜻이야. 의병은 나라가 어려움을 당했을 때 본래 군인은 아니지만 스스로 들고 일어나 군인이 된 사람을 말해.

용어 연결고리

평범한 사람들이 의병이 되었지!

나라가 위험할 때 스스로 병사된 사람들이 의병이야. 1592년, 임진왜란 때 조선의 군대는 부산과 충주에서 일본군에게 계속 졌어. 수도인 한양도 뺏기고 임금님은 평양까지 쫓겨났지. 그러자 나라를 지키겠다고 결심한 평범한 사람들이 병사가 됐어. 진주에서 활동한 곽재우, 금강산의 사명대사 같은 분들이 의병을 이끈 우두머리였지.

나라가 위기에 처할 때마다 일어난 의병!

임진왜란 때 의병이 일어났어. 그 뒤로도 의병은 중요한 순간마다 일어났지. 1895년에 명성황후가 일본인들에게 죽게 되자 일어난 을미의병과 1905년 일본이 우리나라에 억지로 조약을 맺게 해서 일어난 을사의병, 1907년에 우리나라의 군대를 없애자 일어난 정미의병 등이 있지.

76.

의상

초등 5학년 2학기 교과서 68쪽 수록

무슨 뜻일까?

의상은 신라 시대 때 활동했던 승려야. 의상은 당나라에서 불교를 배웠는데, 신라에 '전 우주가 하나'라고 생각하는 불교 사상인 화엄종을 널리 알렸지.

용어 연결고리

하나가 곧 여럿이요, 여럿이 곧 하나요!

의상은 원효와 함께 당나라에 유학을 가려고 했어. 원효는 다시 되돌아왔지만 의상은 두 차례 시도해서 겨우 유학을 갔지. 의상이 당나라에서 배운 불교는 화엄종이었어. 화엄종은 우주 만물이 모두 하나라고 생각한 불교였어. 그래서 의상도 '하나가 곧 여럿이요, 여럿이 곧 하나'라는 말을 자주 했지.

의상의 화엄종이 널리 알려진 이유는?

의상과 원효는 둘 다 '하나'를 강하게 이야기했어. 그 이유는 뭘까?

이때 신라는 백제와 고구려를 멸망시켰고, 이후에 삼국을 통일했어.

그런데 고구려인, 백제인, 신라인은 여전히 사이가 나빴지. 나라에

서 국민들을 단합시키기 위해 의상과 원효의 '하나'를 중요하게 여기

는 불교를 널리 믿게 했던 거야.

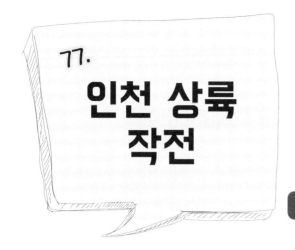

77.
인천 상륙 작전

초등 6학년 1학기 교과서 121쪽 수록

 무슨 뜻일까?

1950년에 북한의 공격으로 6·25전쟁이 일어났어. 북의 인민군에 밀려 낙동강 일대만이 대한민국의 땅으로 남았지. 이때 미국의 맥아더 사령관이 국제연합(UN)군과 국군을 배로 실어 인천에 들어가는 방법을 생각해 냈어. 맥아더의 계획은 성공했고 이것이 인천 상륙 작전이야.

용어 연결고리!

반격의 기회였던 인천 상륙 작전!
인천에 들어간 국제연합군은 열흘 만에 서울을 되찾았어. 북의 인민군은 북쪽에서 오는 전쟁 물품이 지나는 길이 막혔고, 서울과 낙동강 쪽에서 오는 공격을 동시에 막아야 했지. 인천 상륙 작전 이후 전쟁에서 국제연합군과 국군이 우세하게 되어 오늘의 대한민국을 지킬 수 있었어.

인천 상륙 작전의 성공과
또 하나의 장사 상륙 작전!

인천 상륙 작전과 같은 날, 중·고등학생으로 이루어진 772명이 포항 앞바다에서 육지로 들어가는 전투를 벌였어. 7만 명의 군인을 데려 간 인천 상륙 작전과는 수적으로 비교가 되었는데, 장사 상륙 작전은 인천에 들어가는 국제연합군과 국군의 작전으로 인민군의 관심을 돌리기 위한 전투였어. 군인들에게 3일만 버티면 된다고 생각해서 3일 치의 식량과 무기만 주었는데, 전투는 2주나 더 지속되었어. 그 바람에 작전에 참여한 학생들 대부분은 죽거나 행방불명이 되고 말았단다.

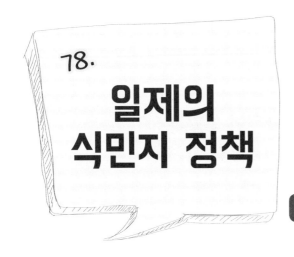

78.
일제의
식민지 정책

초등 6학년 1학기 교과서 97, 98쪽 수록

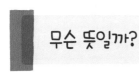

무슨 뜻일까?

일제란 일본 제국주의를 줄인 말이야. 일본은 식민지를 늘리기 위해 주변나라를 공격했어. 일제의 식민지 정책은 다른 나라의 민족성과 문화를 없애고 자기 나라로 만들어 지배하는 방식이었어.

용어 연결고리

무단 통치에서 문화 통치로 바뀐 식민지 정책

무단 통치란 힘으로 나라를 통치하는 거야. 일본은 자신들의 국력을 앞세워 한국인의 민족성과 문화를 억눌렀지. 그런데 3·1운동이 일어나자 한국인의 문화와 전통을 받아들이는 문화 통치를 한다고 했어. 한국인이 신문을 만들 수 있게 해 주고 학교 교육도 약속했지. 그렇지만 문화 통치는 친일파를 만들어 냈고, 우리나라 고유의 독립성은 인정하지 않았지.

문화 통치는 민족 말살 통치로 바뀌었어

일본의 문화 통치는 민족 말살 통치로 바뀌었는데, 민족 말살 통치란 한국인을 일본인으로 만드는 거야. 한국인의 이름을 일본식으로 바꾸고 한국인이 일본인과 같은 조상을 가졌다고 교육했어. 게다가 한국어도 쓰지 못하게 했지. 이런 통치는 한국인을 일본의 전쟁에 끌고 가기 위함이었어. 많은 한국의 젊은이들이 억지로 일본의 병사가 되거나 탄광, 공장에 노동자로 끌려가고 여자들은 전쟁터에서 위안부가 되기도 했어.

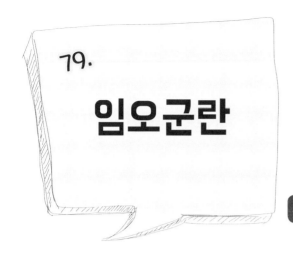

79.

임오군란

초등 6학년 1학기 교과서 63쪽 수록

무슨 뜻일까?

조선 고종 19년인(1882) 임오년에 옛날 무기로 싸우는 구식 군인들이 나라에 자신들의 불만을 알리고자 들고 일어난 사건을 말해.

용어 연결고리

부당한 대우를 받았던 구식 군인들!

강화도 조약을 맺자 일본 상인들이 조선에 물건을 많이 팔기 시작했어. 그러자 조선 상인들의 얻는 이익이 줄었지. 또 나라에서 유럽의 새로운 무기로 싸우는 신식 군대인 '별기군'을 만들자 구식 군인들은 급료도 못 받고 무시당했어. 그래서 구식 군인들이 들고 일어났고, 이때 상업을 하던 조선 상인들도 함께 일어났어. 이것으로 임오군란이 시작된 거야.

임오군란이 명성황후 때문에 일어났다고?

구식 군인들은 밀린 급료로 나왔던 쌀에 모래나 쌀 껍질이 있는 걸 보고 화가 나서 들고 일어났어. 구식 군인들은 신식 군대를 만들고 일본에 나라를 열어 변화를 일으킨 모든 것이 명성황후 탓이라고 생각했지. 그래서 명성황후의 친척들과 신식 군대를 훈련시키는 일본인을 공격했고 명성황후도 찾아내어 죽이려고 했어. 이때 명성황후는 생명의 위험을 느껴 자신이 죽었다고 소문을 낸 뒤, 고향인 여주로 도망쳤지.

80.

장보고

초등 5학년 2학기 교과서 63쪽 수록

무슨 뜻일까?

신라 시대의 끝 무렵, 해적들이 특히 많아졌어. 그러자 장보고는 오늘날 완도 지역에 '청해진'이라는 군사 시설을 만들고 해적을 없앴단다. 그래서 당나라, 신라, 일본 사이의 무역이 안전하게 이루어지도록 도와주었어.

용어 연결고리

해적들에게 노비로 팔린 신라 사람들!

장보고는 신라 사람이었지만 당나라에서 높은 자리의 군인이었어. 어느 날, 장보고는 신라 사람들이 해적들에게 노비로 팔리는 것을 보았어. 이 후 신라에 돌아와 신라 왕에게 청해진에 군사기지를 만들고 해적을 없애 겠다고 했지. 신라 왕이 허락하자 1만 명의 병사들을 이끌고 해적을 공 격했단다. 장보고 덕분에 당나라, 신라, 일본은 피해를 받지 않고 무역을 할 수 있었어.

신라 왕위 다툼에 휩쓸린 장보고!

신라 귀족들은 왕 자리를 두고 다툼이 심했어. 김우징은 아버지가 왕위 다툼에서 패배하자 장보고가 있던 청해진에 몸을 숨겼어. 후에 장보고의 도움으로 민애왕을 죽이고 신무왕이 되었지. 장보고는 신무왕의 아들에게 둘째 딸을 시집보내려고 했지만 귀족들의 반대로 할수 없었어. 결국 장보고는 신무왕의 아들인 문성왕에게 반대하며 들고 일어났고 왕이 보낸 사람에게 몰래 죽임을 당했어.

81.

정묘호란

초등 5학년 2학기 교과서 169쪽 수록

무슨 뜻일까?

1627년, 정묘년에 한반도 북쪽에 살던 여진족(만주족)이 세운 후금이 조선에 쳐들어와 벌인 전쟁을 말해.

용어 연결고리!

광해군을 끌어내리고 왕이 된 인조!

인조는 광해군을 끌어내리고 왕이 됐어. 인조는 광해군이 했던 중립 외교(명나라와 후금 모두와 잘 지내는 방안)를 그만 두고 명나라하고만 친하게 지내기로 했지. 그러자 후금이 3만의 군대를 이끌고 공격해 왔어. 이것이 정묘호란이야.

어쩔 수 없이 형제 관계가 된 후금과 조선!

임진왜란이 끝난지 얼마 되지 않았기 때문에 조선은 싸울 힘이 없었어. 인조는 강화도로 피난을 갔지. 후금 군대에 무너진 조선은 결국 후금에 패하고 말았어. 이후 후금은 형, 조선은 동생인 형제 관계를 맺고 돌아갔어. 조선은 얕잡아 보던 후금을 형으로 삼게 돼서 자존심이 크게 상하고 말았지.

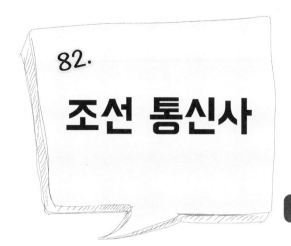

82.

조선 통신사

초등 6학년 1학기 교과서 13쪽 수록

무슨 뜻일까?

조선에서는 일본에게 나라 간의 관계를 맺는 일을 하는 사람들인 외교 사절단을 보냈는데, 이들을 '조선 통신사'라고 불렀어.

용어 연결고리

한류의 원조였던 조선 통신사!

300~500명 정도 되는 조선 사람들이 일본에 배를 타고 걸어서 일본 장군을 만나러 갔지. 장군을 만나기까지 6개월에서 1년이라는 긴 시간이 걸렸대. 중간중간에 조선 사람들은 일본 사람들에게 조선의 그림과 글, 시 등을 선물로 나눠 주었어. 그때 일본 사람들이 조선 사람들이 준 것들을 가보(집안에 보배로운 물건)로 보관할 정도였지.

엄청난 비용이 들었던 조선 통신사!

조선 통신사를 맞이하는데 드는 돈은 지금 돈으로 따지면 2,000억 원 이상이라고 해. 일본의 장군이 1년간 걷는 세금과 맞먹었다고 해. 이 돈은 모두 일본이 냈어. 일본의 장군은 조선 통신사들이 줄지어 움직이고, 시나 그림을 주는 행동을 통해 다른 무사들에게 자신의 힘을 과시하고 싶었다고 해.

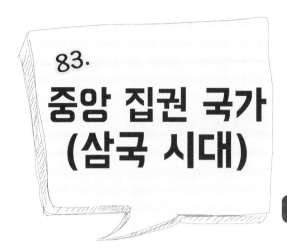

83.
중앙 집권 국가
(삼국 시대)

초등 5학년 2학기 교과서 32~33쪽 수록

 무슨 뜻일까?

강력한 힘을 가진 국왕이 중심이 되어 나라를 직접 지배하는 것을 '중앙 집권 국가'라고 해.

용어 연결고리

연맹 왕국이 중앙 집권 국가로 바뀌었어!

앞에서 배운 나라의 모습을 기억해 볼까? 마을 단위의 작은 나라가 연맹 왕국이 되었었지?(130쪽 참고) 연맹 왕국의 왕은 전쟁에 관해서만 힘이 있을 뿐, 각 마을들은 여전히 족장들이 직접 다스렸어. 그러다 철제 무기를 국왕이 혼자서 독차지하여 만들기 시작했지. 이후 전쟁에서 국왕의 역할이 중요해지면서 강력한 왕이 나타났어. 점점 왕이 족장들의 권한을 빼앗아 직접 마을들을 다스리게 되었는데, 이것이 중앙 집권 국가의 모습으로 갖춰진 거야.

고구려의 해결사 고국천왕

어느 날, 고국천왕이 사냥을 가다가 울고 있는 남자를 만났어. 고국
천왕이 남자에게 우는 이유를 묻자, 남자는 "제가 가난하여 항상 일
을 해서 어머니를 모시는데, 올해 흉년이 들어 일할 곳이 없습니다.
곡식을 얻을 수가 없으니 우는 것입니다." 라고 말했어. 이 일을 계
기로 고국천왕은 관리에게 나라의 곡식을 빌려주고 갚도록 하는 진
대법(빈민을 돕다 진賑, 빌릴 대貸, 법 법法)을 마련하게 하였어.

이 이야기를 통해 고구려가 고국천왕 때 중앙 집권 국가로 발전했다
는 것을 알 수 있어. 연맹 왕국에서는 평민들을 족장이 다스렸다면
중앙 집권 국가에서는 이렇게 국왕이 직접 평민들을 다스렸지.

84.
직지심체요절

초등 5학년 2학기 교과서 113쪽 수록

 무슨 뜻일까?

직지심체요절은 세계에서 가장 오래된 금속 활자로 찍어 낸 책이야. 1377년에 만든 것인데 독일의 구텐베르크가 만든 금속 활자보다 78년이나 앞서서 만들었대.

용어 연결고리

직지심체요절은 어떤 내용의 책일까?

경한이라는 승려가 쓴 책인데, 이름이 알려진 유명한 다른 승려들의 말이나 편지를 뽑아서 정리한 책이야. 충청북도의 '흥덕사'라는 절에서 찍어낸 책이지. '직지심체'는 참선(앉아서 마음을 닦는 것)을 하면 부처님의 마음을 깨닫게 된다는 뜻이야. 요절은 중요한 내용을 추렸다는 의미지.

프랑스 국립 도서관에서 발견된 직지심체요절!

프랑스 외교관으로 조선에 왔던 콜랭 드 플랑시가 조선의 문화재들을 모아 프랑스로 건너갔다고 해. 그때 직지심체요절도 갖고 같이 갔지. 현재 프랑스 국립 도서관에 소장되어 있어.

85.

집현전

초등 5학년 2학기 교과서 142쪽 수록

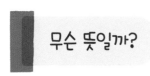

무슨 뜻일까?

집현전의 한자 뜻은 '모을 집(集), 현명할 현(賢), 큰집 전(殿)'이야. 똑똑한 사람들을 모은 집이라는 뜻이지. 학문을 연구하는 기관으로 세종 때인 1420년에 만들었어.

용어 연결고리

집현전이 하는 일은?

집현전은 세종이 똑똑한 사람 20명을 뽑고 공부하도록 한 것에서 시작됐어. 임금과 신하들이 서로 나랏일에 대해 이야기를 나누는 경연을 준비하고 왕세자를 교육하기도 했지. 다른 나라에 보내는 문서도 쓰고, 과거 시험의 문제를 내기도 했어. 〈고려사〉, 〈농사직설〉, 〈삼강행실도〉, 〈용비어천가〉 같은 책들은 세종 때 대부분 집현전에서 만든 것들이야.

세종과 함께 훈민정음을 만든 집현전의 학자들!

훈민정음은 세종과 집현전 학자들이 같이 만들었어. 집현전 학자들은 훈민정음을 풀이한 〈훈민정음 해례본〉 같은 책을 만들었지. 훈민정음을 만들면서 신숙주와 성삼문은 명나라의 언어학자인 황찬을 13번이나 찾아갔다고 해. 한 번도 가기 어려운 중국을 13번이나 다녀오다니! 그래서 세종은 열심히 활동한 신숙주와 성삼문을 많이 아꼈다고 해.

86.

청동기 시대

초등 5학년 2학기 교과서 19쪽 수록

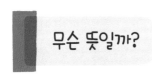

무슨 뜻일까?

청동기는 구리와 주석을 섞은 청동으로 만든 도구야. 청동기를 처음 쓴 때부터 철기를 사용하기 전까지를 청동기 시대라고 불러. 한반도의 청동기 시대는 지금으로부터 3,000년~2,000년 전까지의 시간들을 말하지.

용어 연결고리!

귀한 청동기는 어디에 썼을까?
청동기는 마을을 다스리는 족장같은 사람들만 쓸 수 있었어. 당시 청동은 다른 나라에서 들여올 정도로 귀한 물건이었어. 창이나 칼 같은 무기나 거울, 방울 같이 제사를 지낼 때 사용하는 물건을 청동으로 만들었지. 그러나 청동기는 재질의 특성상 잘 부러져서 농사를 지을 때는 쓸 수 없었어.

청동기 시대에는 어떤 변화가 일어났을까?

청동기 시대에는 산에 불을 질러 생긴 재를 영양분 삼아 농사를 지었어. 예전보다 농사가 잘 됐지. 그러자 마을의 사람 수가 늘어났고, 늘어난 사람들이 살 곳을 찾다보니 옆 마을과 전쟁을 하게 됐어. 전쟁에서 이긴 마을 사람들이 진 마을 사람들을 다스렸지. 이렇게 마을의 크기가 커졌고 마을은 '나라'가 됐어. 청동기 시대에 '전쟁', '나라', '계급'이 처음 나타난 거야.

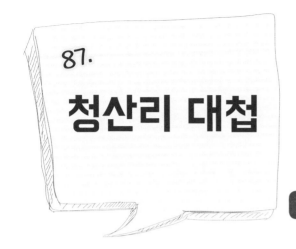

87.
청산리 대첩

초등 6학년 1학기 교과서 95쪽 수록

무슨 뜻일까?

1920년 10월 21일부터 26일까지 백두산 자락의 청산리라는 동네 부근에서 여러 차례 전투가 벌어졌어. 김좌진, 홍범도 장군이 이끄는 독립군 2천명이 4만이 넘는 일본군을 상대로 큰 승리를 거둔 싸움이었지.

용어 연결고리

봉오동 전투에서 첫 승리를 거둔 독립군!
홍범도 장군의 대한 독립군은 봉오동에서 일본군을 처음 맞닥뜨렸어. 대한 독립군은 골짜기 깊숙이 숨어서 일본군을 끌어들였고, 그들을 향해 사격을 해서 승리했지. 독립군의 첫 승리였어. 놀란 일본은 많은 수의 군대를 들여와서 복수하려고 했지. 그때 들어온 일본군과 벌어진 싸움이 청산리 대첩이야.

독립군과 조선의 민간인이 힘을 합쳐 이겼어!

어떤 한국인 노인이 일본군에게 "독립군은 무기가 다 떨어져서 도망갔다."라고 일부러 잘못된 소문을 전했어. 일본군은 그 말을 듣고 독립군을 쫓아갔지. 이때 독립군들이 나무와 바위 사이, 절벽 위에 숨어서 일본군을 사격하여 3,000명이나 죽였어.

하지만 슬프게도, 싸움이 끝난 후 일본군은 이 지역의 민간인들에게 복수했어. 군인이 아닌 한국인을 마구 죽이고 마을에 불을 질렀지. 이것이 1920년 간도에서 한국인들이 일본군에 의하여 학살 당한 '간도참변'이야.

88.

청일 전쟁

초등 6학년 1학기 교과서 65쪽 수록

무슨 뜻일까?

1894년 조선에 온 일본군과 청군이 벌인 전쟁이 청일 전쟁이야. 조선을 어떤 나라가 다스릴지를 두고 싸웠어.

용어 연결고리

동학 농민 운동을 막기 위해 온 청군!

1894년에 나쁜 관리에게 불만이 있던 농민들이 들고 일어난 것이 동학 농민 운동이었어. 농민들을 누르기 위해 조선은 청군에게 도움을 요청했는데 청군이 오자 일본군도 함께 들어왔지. 이전에 맺은 조약(나라간 약속)에서 청과 일본의 군대가 들어오고 나가는 것을 서로 알려 주기로 했기 때문이었어. 일본이 조선에 있는 청군을 먼저 공격하면서 전쟁은 시작되었지.

청일 전쟁은 일본의 승리로 끝났어

일본이 청일 전쟁에서 승리하면서 청은 일본에게 돈으로 전쟁비용을 지불하고, 청의 땅 일부를 주기도 했지. 일본의 승리는 주변 여러 나라에게 큰 충격을 주었어. 청은 당시 동아시아의 여러 나라들 사이에서 큰형과 같은 존재였는데, 큰형의 위치가 청에서 일본으로 바뀌게 된 거야. 또 청과 일본 모두 근대적 개혁(유럽을 따라하는 개혁)을 실시했는데, 일본의 개혁 방법이 청의 개혁보다 나았다는 걸 보여 주는 전쟁이었어.

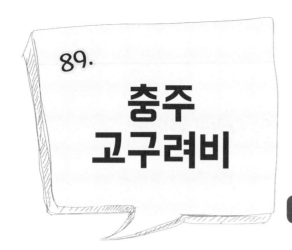

89.
충주
고구려비

초등 5학년 2학기 교과서 39쪽 수록

 무슨 뜻일까?

충주 고구려비는 장수왕 때 고구려가 남쪽으로 땅을 차지한 후 이를 기념하기 위해 만든 거야. 비석에는 장수왕 때의 일을 새겨 넣었어.

용어 연결고리

남쪽으로 땅을 넓혔던 장수왕!
장수왕의 아버지 광개토 대왕은 북쪽으로 땅을 넓혔어. 반면 장수왕은 남쪽으로 영토를 넓혔지. 장수왕은 백제를 공격해서 한강유역을 뺏었어. 그때 백제는 왕이었던 개로왕은 전쟁 중에 죽고 수도를 한성(지금 서울)에서 웅진(지금 공주)으로 옮겼어. 장수왕은 충주까지 땅을 넓혔는데, 고구려의 땅을 표시하려고 충주 고구려비를 세웠지.

신라 왕을 신하로 여겼던 고구려의 장수왕!

충주 고구려비를 살펴보면 신라 왕이 등장해. 신라 왕에게 옷을 주었다는 내용이 있어. 또 신라를 '동쪽 오랑캐(다른 민족을 얕잡아 부르는 말)'라고 불렀어. 고구려는 신라를 신하라고 생각했던 거지. 고구려는 자신들이 세상의 중심이고 주변 나라들이 다 자기 밑의 신하라고 여겼던 거야.

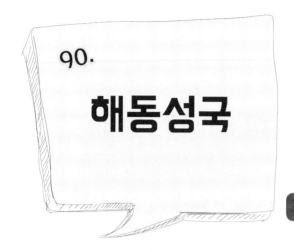

90.

해동성국

초등 5학년 2학기 교과서 61쪽 수록

무슨 뜻일까?

바다 동쪽에 있는 강한 나라라는 뜻으로, 당나라에서 발해를 부를 때 쓰던 말이야. 한자로 적으면 해동성국 '바다 해(海), 동쪽 동(東), 세력이 강하다 성(盛), 나라 국(國)'이야.

용어 연결고리

선왕 때 넓은 영토를 가진 발해!

발해는 당나라 동쪽에 있었어. 대조영의 아들인 무왕 때는 당나라, 신라와 전쟁을 했어. 다음 왕인 문왕 때부터는 당나라와 신라 사이가 좋았어. 강한 나라로 계속 발전했던 발해는 선왕 때 영토가 제일 넓었는데, 고구려 영토의 대부분을 차지하고 있었지. 고구려에 버금가는 발해를 당나라가 해동성국이라고 불렀던 거야.

동아시아의 여러 나라와 잘 지낸 발해!

발해에는 여러 이름의 길들이 있었어. 신라로 가는 길인 신라도, 거란으로 가는 거란도, 5개의 수도를 연결하는 길, 당나라로 가는 길인 영주도와 조공도, 그리고 일본으로 가는 일본도가 있었지. 이 길들을 통해 발해가 여러 나라들과 두루 잘 지내며 동아시아의 중심으로 활약했단 것을 알 수 있어.

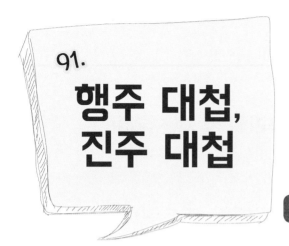

91.
행주 대첩, 진주 대첩

초등 6학년 1학기 교과서 166~167쪽 수록

무슨 뜻일까?

대첩은 크게 거둔 승리를 뜻해. 조선과 일본이 7년간 치룬 전쟁이었던 임진왜란에서 조선은 행주산성, 진주성에서 크게 승리를 거뒀는데, 이를 행주 대첩, 진주 대첩이라고 부른단다.

용어 연결고리

행주치마로 이긴 행주 대첩!

앞치마를 행주치마라고도 부르는데, 그건 행주 대첩 때문이야. 권율 장군이 우두머리였던 행주산성에서 군인 수가 부족하자 여자들도 싸움에 나섰어. 여자들은 앞치마에 돌을 나르고 그 돌로 성벽을 기어오르던 일본군을 공격했지. 여기서 이름이 정해진 것이 행주치마야. 앞치마 덕분에 일본군은 큰 피해를 입었고 권율 장군이 이끈 군대는 행주 대첩에서 이길 수 있었어.

김시민 장군의 꾀가 돋보였던 진주 대첩!

진주는 일본군이 바다와 땅으로 나갈 수 있는 중요한 위치였어. 진주를 지키고 있던 김시민 장군은 진주성 안에 있는 모든 사람들에게 군복을 입혀 군인들 숫자가 많은 것처럼 보이게 했어. 그리고 밤에는 구슬픈 피리를 부르게 하여 일본군의 마음을 혼란스럽게 만들었지. 또, 곽재우가 이끌었던 의병의 도움으로 일본군을 무찔렀어.

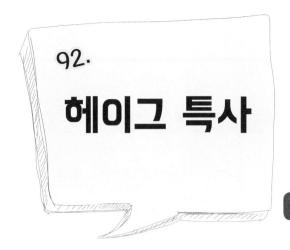

92.

헤이그 특사

초등 6학년 1학기 교과서 79쪽 수록

무슨 뜻일까?

고종 황제는 억지로 맺어진 을사늑약에 반대하는 입장을 다른 나라에 알리고자 했어. 1907년에 네덜란드 헤이그에서 열린 만국 평화 회의(여러 나라 간 평화 유지를 위한 모임)에 우리나라 대표를 보냈는데, 이들이 바로 헤이그 특사야.

용어 연결고리

국민과 고종 황제 모두 반대했던 을사늑약!

대한 제국의 외교권을 빼앗은 을사늑약 체결 후 고종 황제는 "나는 총칼의 위협과 강요 아래 체결된 이른바 보호조약이 무효임을 널리 펴서 말한다."라고 미국인 헐버트에게 말했어. 국민들도 스스로 목숨을 끊거나, 군대를 일으켜 돈을 모아 나라 빚을 갚으려는 등의 움직임으로 반대 의견을 드러냈지.

헤이그 특사는 어떤 사람들일까?

이준은 28살에 과거시험에 합격하여 대한 제국의 검사로 활동했어. 이상설은 25살에 과거시험에 합격했고, 대한 제국의 높은 공무원으로 일했어. 특히 이상설은 영어와 프랑스어를 할 줄 알았다고 해. 이위종은 외교관이었는데, 외교관인 아버지 덕분에 다른 나라에서 자라 영어, 프랑스어, 러시아어를 할 줄 알았던 대단한 사람이었지. 그런데 결국 이들은 일본이 방해하는 바람에 헤이그의 회의장에 입장할 수 없었어. 그래도 헤이그 특사는 회의장 밖에서 다른 나라 사람들에게 을사늑약에 반대하는 의견을 이야기했고 신문에 실리기도 했어.

93.

호족

초등 5학년 2학기 교과서 81쪽 수록

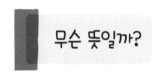

무슨 뜻일까?

신라가 끝날 무렵 나라의 힘이 약해져 있었어. 그러자 지방에서 나라의 간섭을 받지 않는 사람들이 나타났지. 이들이 바로 호족인데, 강한 군대와 많은 재산을 가지고 있었어. 호족은 신라 끝 무렵부터 고려 시작 무렵에 있었던 사람들이야.

용어 연결고리

신라의 귀족들이 왕 자리를 두고 다퉜어!

신라의 귀족이었던 김양상이 혜공왕을 죽이고 왕의 자리에 오르자, 신라 귀족들은 자신도 왕이 될 수 있다는 생각에 귀족끼리 다투었어. 그 사이 신라는 지방을 다스렸던 호족들에게 신경을 쓰지 못했지. 당시 호족들은 지방의 백성들을 잘 보호해 줬기 때문에 백성들은 호족들을 잘 따랐다고 해. 그래서 한 지역을 마치 왕처럼 다스리는 호족이 생겨나게 된 거야.

장보고도 호족이었다고?

호족 중에서는 그 지역 촌장 출신, 군대를 이끌던 장군, 왕위 다툼에서 진 귀족 등이 있었어. 그런데 우리가 잘 아는 장보고도 호족이었지. 장보고는 해상 무역을 이끌며 청해진 일대를 다스리는 호족이었어. 호족은 해당 지역에 살고 있는 사람들에게 세금을 거두어들여 그 지역을 다스렸어.

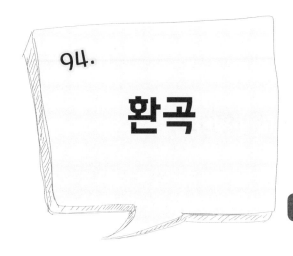

94. 환곡

초등 6학년 1학기 교과서 41쪽 수록

무슨 뜻일까?

가난한 농민들을 돕거나 봄철에 먹을 곡식이 떨어진 농민에게 나라에서 곡식을 빌려주는 제도야. 이후 농민들이 빌린 곡식은 가을철에 갚도록 했어.

용어 연결고리!

좋은 의도와 달리 나쁜 제도가 된 환곡!
처음에 환곡은 농민들을 돕기 위해 만든 좋은 제도였어. 심지어 빌려준 대가로 갚을 때 원금과 함께 주는 이자도 받지 않았지. 그런데 시간이 지나자 이자가 원래 빌린 곡식보다 커졌어. 또 필요하지도 않은 농민들에게 관리가 억지로 환곡을 주고 이자를 받기도 했어. 결국 환곡은 처음의 좋은 의도와 많이 달라지게 된 거야.

농민들을 괴롭히던 세 가지!

환곡도 농민들을 괴롭혔지만, 토지에 대한 세금과 군대를 가야 하는 것도 문제였어. 토지에 대한 세금을 정해진 양보다 많이 걷어서 농민들이 무척 힘들어 했어. 조선 시대에는 16~60세의 남자만 군대에 가야 했지만, 점점 직접 군대에 가기보다 옷감을 내는 방식으로 대신했지. 그런데 갓 태어난 아기, 이미 죽은 노인에게도 옷감을 내라고 관리가 억지를 부렸어. 이런 세금의 문제 때문에 조선 후기에는 농민들이 억울함을 표시하며 들고 일어난 사건이 많았어.

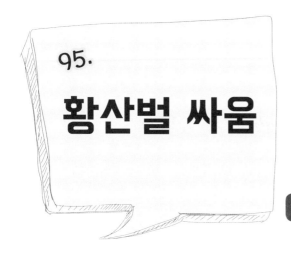

95.
황산벌 싸움

초등 5학년 2학기 교과서 56쪽 수록

무슨 뜻일까?

660년에 황산벌이라는 들판에서 벌어진 백제군과 신라, 당나라 연합군의 싸움을 말해. 이 싸움으로 백제가 망하느냐 계속 되느냐가 걸려 있었지.

용어 연결고리

의자왕이 백제왕이 되다!

무왕의 아들인 의자왕이 백제왕이 됐어. 의자왕은 의욕이 많은 사람이었지. 고구려와 함께 열심히 신라를 공격해서 40개의 성을 빼앗았어. 그 중에는 김춘추의 사위가 지키는 성이 있었는데, 이때 김춘추의 사위와 딸이 죽었어. 가족을 잃게 된 김춘추는 딸의 복수를 위해 당나라로 가서 백제를 함께 공격할 것을 부탁했다고 해.

계백 장군은 피도 눈물도 없는 아버지?

계백은 백제의 장군이었어. 18만 명이나 되는 당과 신라의 군대가 공격해 온다는 소식을 듣자, 가족들을 죽이고 싸움에 나섰지. 계백이 이끈 군대는 고작 5,000명이었어. 계백은 싸움에서 이길 수 없다고 생각했지. 그래서 다른 나라의 군대에게 괴롭힘을 당할 가족을 생각해 미리 죽인 것이었어. 황산벌 싸움에서 계백은 4번이나 작은 싸움에서 이겼지만 군대 수의 차이 때문에 결국 지고 말았어. 황산벌 싸움 후 백제는 수도 사비(오늘날 부여)까지 빼앗기고 멸망하고 말았지.

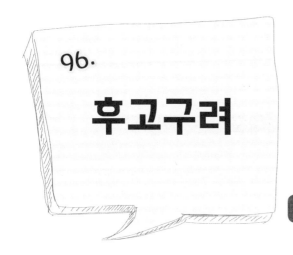

96.

후고구려

초등 5학년 2학기 교과서 82쪽 수록

무슨 뜻일까?

후고구려는 궁예가 신라에 반대하며 세운 나라를 말해. 삼국 시대의 고구려를 잇겠다며 나라 이름을 후고구려라고 했어.

용어 연결고리

귀족들의 다툼으로 망해가는 신라!

귀족들이 왕 자리를 두고 싸움을 벌이는 바람에 신라는 백성들을 제대로 다스릴 수 없었지. 지방에서 호족이 나타나 세금을 거두는 일이 생겼어. 신라도 세금을 걷으려 하자 농민들은 세금을 이중 삼중으로 내게 한다며 벌떼처럼 들고 일어났어. 이때 도적이 된 농민들과 손잡고 나라를 세운 사람도 있었는데, 궁예가 바로 그런 사람 중 하나였어.

신라의 왕족 출신이었던 궁예!

궁예는 신라의 왕족 출신이었어. 태어나서 나라를 위태롭게 할 아이
라는 말을 듣고 부모에게 버려졌지. 자라서 승려가 된 궁예는 농민들
을 이끌고 신라에 들고 일어난 기훤과 양길의 부하로 있다가 군대를
키웠지. 이후 901년에는 개성을 수도로 정하고 후고구려를 세웠어.
그런데 신라 출신이던 궁예는 왜 나라 이름에 고구려를 넣었을까?
그건 본인을 버린 신라를 미워했고 고구려를 그리워하는 옛 고구려
사람들을 끌어들이기 위해서였어.

97.

후백제

초등 5학년 2학기 교과서 82쪽 수록

 ## 무슨 뜻일까?

견훤이 신라에 반대하며 완산주(지금 전주)에서 900년에 세운 나라가 후백제야. 나라를 잃은 백제인들을 끌어들이기 위해 나라 이름을 '후백제'라고 지었지.

용어 연결고리

신라의 장군이었던 견훤!

신라의 장군이었던 견훤은 신라의 귀족들이 왕위 다툼을 하고 있는 틈을 타 나라를 세웠어. 견훤은 상주의 호족으로 백제와는 관련이 없었지만 백제인들의 분노를 이용하고자 나라를 후백제라고 했어. 견훤이 잘 나갈 때에는 신라를 공격해서 경애왕을 죽이고 올 정도였지.

아들에게 쫓겨난 견훤!

견훤에게는 여러 아들이 있었는데, 그중 넷째 아들인 금강을 제일 예뻐했어. 다음 왕의 자리도 금강에게 주려고 했지. 그러자 큰 아들인 신검은 아버지인 견훤에게 불만을 품었어. 결국 신검이 군대를 일으켜 동생 금강을 죽이고 아버지 견훤을 금산사라는 절에 가뒀어. 이후 신검이 왕이 되자, 견훤은 금산사에서 도망쳐 나와 왕건에게 도움을 청했어. 왕건에게 도움을 받은 견훤이 후백제의 비밀을 알려 줬고, 후백제는 쉽게 멸망하고 말았지.

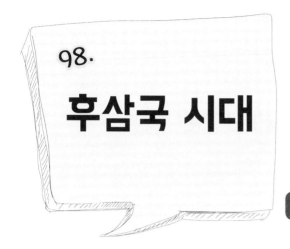

98.
후삼국 시대

초등 5학년 2학기 교과서 81쪽 수록

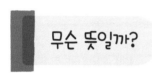

무슨 뜻일까?

901년~936년 이전의 시기로 고구려, 백제, 신라가 서로 전쟁을 하던 삼국 시대와 비슷한 상황이 생겼어. 궁예가 세운 후고구려와 견훤이 세운 후백제, 신라가 싸움을 벌이게 됐지. 이 시대를 후삼국 시대라고 불러.

용어 연결고리!

후삼국을 통일한 왕건!

신라의 힘이 약해지자 지방에서 힘이 센 사람들이 반발했어. 그들은 저마다 자신을 성의 주인이라는 뜻으로 '성주'라고 부르며 신라의 다스림을 받지 않으려고 했지. 이들이 바로 지방 호족이야. 지방 호족 중에는 나라를 세운 사람도 있는데 견훤은 후백제, 궁예는 후고구려를 세웠지. 이 시대를 후삼국 시대라고 해. 이렇게 나눠진 나라를 다시 통일한 사람이 바로 왕건이었어.

후삼국 시대에 신라를 미워했던 사람들!

후삼국 시대를 살던 사람들은 신라를 나름의 이유로 미워했어. 지방 호족들은 수도에 살던 귀족들보다 낮은 대접을 받는다고 생각했고, 실력이 있어도 높은 벼슬에 오르지 못하는 게 불만이었지. 농민들은 신라에서 세금을 많이 거둬 가서 들고 일어났어. 승려들도 신라에 등을 돌린 이가 많았어. 온 나라 사람이 신라에 등을 돌려서 '나라가 장차 망하리!'라는 노래가 유행할 정도였지.

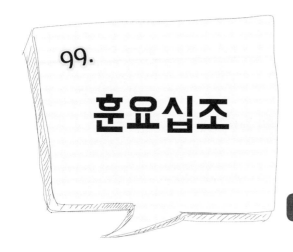

99.

훈요십조

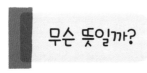

무슨 뜻일까?

훈요십조는 고려를 세운 왕건이 남긴 유언이야. 한자로 '가르칠 훈(訓), 중요할 요(要), 열 십(十), 가지 조(條)'이니까 후손들에게 가르치기 위해 10가지로 요점을 정리한 글이라는 뜻이지.

용어 연결고리

후손들이 강한 왕이길 바란 왕건

왕건은 아들과 손자들이 강한 힘을 가진 왕이 되길 바랐어. 그래서 지켜야 할 일을 '훈요십조'로 남겼지. 불교를 믿고, 맏아들에게 왕위를 잇게 하여 백성을 위한 정치를 생각하고 평화 시에도 군대를 기르라는 내용이었어.

왕건이 죽은 후 혼란스러운 고려!

왕건이 죽은 후 맏아들이 혜종이 되었지만, 고려를 세우는데 도왔던 사람들이 군사를 일으켰어. 왕건은 살아 있을 때 부인이 무려 29명 이었는데, 각 지역의 힘센 호족과 결혼하다 보니 부인이 많았어. 왕건은 왕자가 25명, 공주가 9명으로 자녀도 많았지. 왕건이 죽은 후 힘센 외가에서 자신의 손자가 왕이 되길 원했어. 그래서 이들이 반란을 일으켰고 왕들의 의문사가 종종 있었어. 왕건이 훈요십조까지 적으면서 걱정했던 것이 이런 상황이 아니었을까?

100.
흥선 대원군

초등 6학년 1학기 교과서 55쪽 수록

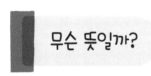
무슨 뜻일까?

1863년에 고종은 12살의 어린 나이로 왕이 되었어. 이때 고종의 아버지
였던 흥선 대원군이 왕의 일을 대신 하게 되었지. 대원군은 왕의 아버지
이지만 왕이 되지 못하고 아들이 왕이 된 사람을 높여 부르는 말이야.

용어 연결고리

세도 정치 속에서 나라를 다스렸던 흥선 대원군!
조선 시대 때 세도 정치는 나라를 힘들게 했어. 한 가문이 자신의 가족과
친척을 위해 나라를 다스리다 보니 일반 백성들은 점점 더 힘들어졌고
안동 김씨, 풍양 조씨 가문만 점점 잘살게 되었지. 철종이 아들 없이 죽
자, 흥선 대원군의 둘째 아들이 임금으로 정해졌어. 이때 흥선 대원군은
엉망이 된 나라를 바로잡으려고 생각했지.

농민들의 불만을 해결한 흥선 대원군!

흥선 대원군이 나라를 다스리기 전에는 농민들이 자주 들고 일어났어. 나라에서 세금을 너무 많이 걷은 탓이었지. 흥선 대원군은 나라 안의 땅을 다시 재서 공평하게 세금을 걷었어. 또 군대에 가지 않은 대신 옷감으로 내는 세금이 있었는데, 이것을 양반에게도 내게 했어. 농민들을 괴롭혔던 환곡 제도는 없애 버렸지. 그래서 흥선 대원군은 인기가 높아졌고, 농민들이 들고 일어나는 일도 줄어들었지.

한눈에 보는 역사 연표

구분	연도	내용
선사 시대	약 70만 년 전	구석기 시대 시작
	기원전 8000년경	신석기 시대 시작
	기원전 2333년	고조선 건국 (삼국유사)
	기원전 1000년경	청동기 시대 시작
고조선	기원전 400년경	철기 시대 시작
	기원전 194년	위만, 고조선의 왕이 됨
	기원전 108년	고조선 멸망
삼국 시대	기원전 57년	신라 건국
	기원전 37년	고구려 건국
	기원전 18년	백제 건국
	372년	고구려에 불교 들어옴
	384년	백제에 불교 들어옴
	427년	고구려, 평양으로 도읍 옮김
	433년	나 · 제 동맹 성립
	475년	고구려, 백제 한성 점령
	527년	신라, 불교 공인 (이차돈의 순교)
	538년	백제, 사비성으로 도읍 옮김
	551년	백제, 한강 유역 되찾음
	612년	고구려, 수나라군을 물리침 (살수 대첩)
	660년	백제 멸망
	668년	고구려 멸망

	676년	신라, 삼국 통일
남북국 시대	685년	신라, 9주 5소경 설치
	698년	발해 건국
	900년	견훤, 후백제 건국
	901년	궁예, 후고구려 건국
	918년	왕건, 고려 건국
	926년	발해 멸망
	935년	신라 멸망
고려 시대	936년	고려, 후삼국 통일
	1019년	강감찬, 귀주 대첩에서 거란을 물리침
	1107년	윤관, 여진 정벌
	1170년	무신 정변
	1196년	최충헌 집권
	1231년	몽골의 1차 침입
	1232년	강화도로 도읍 옮김, 몽골의 2차 침입
	1234년	금속 활자로 〈고금상정예문〉 인쇄
	1236년	〈팔만대장경〉 새김 (~1251)
	1270년	개경으로 도읍을 다시 옮김, 삼별초 항쟁
	1365년	공민왕, 신돈 등용
	1376년	최영, 왜구 정벌
	1388년	위화도 회군
	1392년	고려 멸망
조선 시대	1392년	조선 건국
	1413년	조선 8도의 지방 행정 조직 완성, 〈태조실록〉 편찬, 호패법 실시
	1416년	4군 설치 (~1443)
	1434년	6진 설치 (~1449)

	1446년	훈민정음 반포
	1592년	임진왜란 (~1598)
	1623년	인조반정
	1627년	여진족의 침입 (정묘호란)
	1636년	청나라의 침입 (병자호란)
	1678년	상평통보 만듦
	1708년	대동법 실시
	1750년	균역법 실시
	1776년	규장각 설치
조선 시대	1860년	최제우, 동학 창시
	1861년	김정호, 대동여지도 제작
	1866년	천주교 탄압 (병인박해), 프랑스와 전쟁 (병인양요)
	1871년	미국과 전쟁 (신미양요), 흥선 대원군 척화비 세움
	1875년	운요호 사건
	1876년	일본과 강화도 조약 맺음
	1882년	임오군란, 미국 · 영국 · 독일 등과 통상 조약 체결
	1884년	우정국 설치, 갑신정변
	1894년	동학 농민 운동, 갑오개혁
	1895년	을미사변, 유길준, 〈서유견문〉 지음
	1896년	아관파천, 독립 협회 설립, 〈독립신문〉 발간
대한 제국	1897년	대한 제국 선포
	1898년	만민 공동회 개최
	1904년	한 · 일 의정서 맺음
	1905년	을사조약, 동학의 이름을 천도교로 바꿈
	1907년	국채 보상 운동, 헤이그 특사 파견, 고종 황제 퇴위 (순종 황제 즉위), 신민회 설립

일제 강점기	1910년	일본에 주권을 빼앗김, 조선 총독부 설치
	1919년	3·1 운동, 대한민국 임시 정부 수립
	1920년	봉오동 전투, 청산리 대첩
	1926년	6·10 만세 운동
	1927년	신간회 결성
	1929년	광주 학생 항일 운동
	1941년	대한민국 임시 정부 수립, 대일 선전 포고
대한 민국	1945년	8·15 해방
	1946년	제1차 미·소 공동 위원회 개최
	1947년	제2차 미·소 공동 위원회 개최, 유엔 한국 임시 위원단 결성
	1948년	5·10 총선거 실시, 대한민국 정부 수립, 조선 민주주의 인민 공화국 수립
	1950년	한국 전쟁이 일어남
	1953년	휴전 협정 체결
	1960년	4·19 혁명이 일어남
	1961년	5·16 군사 정변이 일어남
	1962년	제1차 경제 개발 5개년 계획
	1967년	제2차 경제 개발 5개년 계획
	1972년	제3차 경제 개발 5개년 계획, 7·4 남북 공동 성명, 10월 유신
	1973년	6·23 평화 통일 선언
	1977년	제4차 경제 개발 5개년 계획
	1979년	10·26 사태
	1980년	5·18 민주화 운동
	1987년	6월 민주 항쟁
	1988년	제24회 서울 올림픽 개최
	1992년	중국과 국교 수립
	2000년	남북 정상 회담, 6·15 남북 공동 선언
	2002년	한·일 월드컵 대회 개최

사회탐구 점프 1

이해력이 쑥쑥 교과서 역사 용어 100

초판 1쇄 발행 2018년 7월 3일
초판 2쇄 발행 2019년 7월 9일

글쓴이 김도연
그린이 이용규
감수자 신병주
펴낸이 김옥희
펴낸곳 아주좋은날
기획편집 박성아
디자인 안은정
마케팅 양창우, 김혜경

출판등록 2004년 8월 5일 제16 - 3393호
주소 서울시 강남구 테헤란로 201, 501호
전화 (02) 557 - 2031
팩스 (02) 557 - 2032
홈페이지 www.appletreetales.com
블로그 http://blog.naver.com/appletales
페이스북 https://www.facebook.com/appletales
트위터 https://twitter.com/appletales1
인스타그램 appletreetales

ISBN 979-11-87743-48-4 (64910)
ISBN 979-11-87743-47-7 (세트)

┌─ 어린이제품 안전특별법에 의한 기타 표시사항 ─┐
품명 : 도서 | 제조 연월 : 2019년 7월 | 제조자명 : 애플트리태일즈 | 제조국 : 대한민국
사용연령 : 8세 이상 | 주소 : 서울시 강남구 테헤란로 201, 5층(02-557-2031)